Gesucht: Neue Liebe

Partnervermittlung auf dem Prüfstand

1. Auflage, August 2008, 1.–8. Tausend
© Verbraucherzentrale NRW e.V., Düsseldorf

ISBN: 978-3-938174-89-0
Printed in Germany

Inhalt

Einführung

In Deutschland gibt es Millionen Singles, von denen ein Drittel auf der Suche nach einer langfristigen Beziehung ist. Das ergab eine Studie der Online-Partnervermittlung „Parship" aus dem Jahr 2006. Entsprechend groß ist auch das Angebot zur Partnervermittlung: Allein im Internet gibt es rund 2.500 Flirtportale und Partnerbörsen. Dazu kommen die altbekannten Inserate in Tageszeitungen oder Zeitschriften, klassische Heiratsinstitute sowie zahlreiche „Single-Events" wie Speeddating oder Ähnliches. So umfangreich dieses Angebot ist, so unübersichtlich ist es auch: Welche Zielgruppe haben die einzelnen Anbieter? Wie können Sie erkennen, ob die Internetseite oder das Partnervermittlungsinstitut seriös arbeitet? Wie schützen Sie sich vor versteckten Kosten? Was sollten Sie bei der Formulierung eines Inserates oder Online-Profils beachten? Und wie gehen Sie genau vor bei der Suche nach Ihrem Traumpartner oder Ihrer Traumpartnerin?

Dieser Ratgeber dient als Wegweiser durch den Dschungel der Partnersuche. Er zeigt Ihnen, welche Möglichkeiten es gibt, welche Vor- und Nachteile diese mit sich bringen und welche Zielgruppe die jeweiligen Angebote haben.

Tipp

Wichtig

Auf einen Blick

Darüber hinaus gibt er Tipps zu den Kosten und Kostenfallen der einzelnen Dienste, Datenschutz und Sicherheit und begleitet Sie von der ersten Formulierung einer Anzeige bis hin zum „realen" Date. Da sich das Geschäft mit der Suche nach dem Traumpartner bzw. der Traumpartnerin in den letzten Jahren größtenteils auf das Internet verlagert hat, nimmt das Online-Dating besonderen Raum ein. Von der Wahl des richtigen Anbieters bis hin zu Details zu den einzelnen Kontaktbörsen und Partnervermittlungen erfahren Sie in Teil 3 alles, was Sie zum Thema „Partnersuche im Internet" wissen müssen. Und wer weiß: Vielleicht führt Sie dieses Buch ja auch direkt zur großen Liebe?

Wir wünschen Ihnen viel Spaß beim Lesen!

Achtung!

Checkliste

Möglichkeiten der Partnersuche und ihre Besonderheiten

Wer heute Hilfe bei der Suche nach der Frau oder dem Mann fürs Leben benötigt, hat eine ganze Menge Möglichkeiten. Eine Fülle von Dienstleistern hat sich darauf spezialisiert, dem Glück auf die Sprünge zu helfen. Von Speeddating über die Partnersuche im Internet bis zu SMS-Flirt-Hotlines – die Angebote scheinen fast unbegrenzt. Selbst die klassische Zeitungsannonce und Heiratsinstitute haben noch nicht ausgedient.

In diesem Kapitel erfahren Sie alles Wissenswerte über die verschiedenen Möglichkeiten der Partnersuche, so dass Sie sich schließlich für den Weg entscheiden können, der am besten zu Ihnen und Ihren Vorstellungen passt.

Das klassische Zeitungsinserat

In den Wochenendausgaben der großen Tageszeitungen sowie in vielen Stadtmagazinen und anderen Zeitschriften findet man sie noch immer: die klassischen Bekanntschaftsanzeigen. Ob „Frankfurter Allgemeine", „Süddeutsche Zeitung" oder „Die Welt" – überall inserieren Menschen, die sich nach einer (meist langfristigen) Partnerschaft sehnen. Auch in der Wochenzeitung „Die Zeit" sind diese Annoncen zu finden, doch das Geschäft ist seit Jahren rückläufig, wie Helmut Michaelis von der Anzeigenabteilung der „Zeit" gegenüber dem „Spiegel" bestätigte.

Vor- und Nachteile von Zeitungsinseraten

Wer eine Anzeige in einer Zeitung oder Zeitschrift schaltet, kann die Zielgruppe der Anzeige selbst bestimmen – es sind nämlich die Leser und Leserinnen eben dieser Zeitung. Wenn Sie in der „Zeit" inserieren, wissen Sie also, welche Art von Menschen die Anzeige lesen wird. Auch wenn Sie in einer bestimmten Region nach einem Partner oder einer Partnerin suchen, können Sie auf die dortige

Regionale Suche

Tageszeitung zurückgreifen. Für Münchner bietet sich also die „Süddeutsche Zeitung" an, für Hamburger das „Hamburger Abendblatt" und so weiter. Diese Tageszeitungen stehen außerdem für Seriosität, und das ist vielen Menschen nach wie vor wichtig. Bei Stadtzeitungen dagegen vermischen sich häufig Gesuche nach einer ernsthaften Beziehung mit Wünschen nach erotischen Abenteuern. Wer großen Wert auf Seriosität legt, ist also bei einer Zeitung oder Zeitschrift mit Tradition besser aufgehoben.

Ein weiterer Vorteil einer Annonce: Das Sichten der Angebote ist gemütlicher als beispielsweise beim Online-Dating, denn Sie erhalten all Ihre Zuschriften auf einmal, so dass Sie diese in Ruhe durchstöbern und sortieren können. Sie müssen auch nicht sofort eine Entscheidung fällen, ob Sie jemandem antworten oder nicht, denn die Menschen, die Ihnen schreiben, wissen, dass es eine Zeit lang dauert, bis die Zeitung die Zuschriften an Sie weiterleitet.

Trotz allem erreichen Sie mit einer Zeitungsanzeige weit weniger Menschen als zum Beispiel mit einer Kontaktanzeige im Internet. In der Regel wandert die Samstagsausgabe einer Tageszeitung spätestens am Montag ins Altpapier und ist damit Schnee von gestern. So ist die Zahl der Zuschriften oft sehr gering – wer an die 50 Antworten auf eine Anzeige erhält, kann sich schon glücklich schätzen. Dazu kommen die relativ hohen Kosten einer Zeitungsanzeige. Bei einer renommierten Tageszeitung kann eine Annonce – je nach Größe und Aufmachung – über 100 Euro kosten. Bei der Wochenzeitung „Die Zeit" beträgt der Preis für eine Annonce mit Motiv 115 Euro. Falls bei den Zuschriften niemand Passendes dabei ist und Sie die Anzeige in der nächsten Woche noch einmal schalten möchten, fallen diese Kosten erneut an. Die Partnersuche auf diesem Weg kann also ganz schön ins Geld gehen. Auch mit der Wortwahl muss man sich bei einer Zeitungsanzeige besondere Mühe geben, um sich von der Masse der Inserenten abzuheben. Ausgelutschte Zitate oder Allgemeinplätze locken heute niemanden mehr und die Möglichkeit, über ein Foto zusätzlich zu punkten, bleibt Ihnen hier verwehrt.

Relativ hohe Kosten

Zielgruppe

Wer sich für eine Annonce in einer Zeitung oder Zeitschrift entscheidet, tut dies sehr bewusst – und nicht unbedingt, weil er keinen Internetanschluss hat. Hier inserieren meistens Menschen, die viel Wert auf Seriosität und Tradition legen und über einen entsprechenden finanziellen Hintergrund verfügen. Nach wie vor enthält eine Zeitungsanzeige in den meisten Fällen eine Chiffre-Nummer, das heißt, sie garantiert dem Inserenten oder der Inserentin zunächst einmal absolute Anonymität. Da die Menschen, die auf eine Anzeige antworten möchten, einen „richtigen" Brief schreiben und daher einigen Aufwand betreiben, sind Sie vor Fakes (Personen, die bewusst falsche Angaben machen) und Spinnern in der Regel sicher. Auch Männer und Frauen über 40, die sich von der Schnelllebigkeit des Internets befremdet fühlen oder zu Hause vielleicht keinen Internetzugang haben, entscheiden sich lieber für die klassische Variante des Inserats. Und schließlich bevorzugen auch viele gut situierte Menschen den Weg über eine seriöse Zeitung. Sie fühlen sich hier unter Ihresgleichen und wenden sich mit ihrer Anzeige ebenfalls an eine seriöse, gut situierte Zielgruppe.

Seriosität und Tradition

Darauf sollten Sie achten

Wer sich für ein klassisches Zeitungsinserat entscheidet, sollte viel Zeit darauf verwenden, die richtige Zeitung oder Zeitschrift auszuwählen. Schauen Sie sich die Inserate in einer Zeitung erst einmal ein paar Wochen an, bevor Sie selbst eine Anzeige aufgeben. Wer inseriert hier? Passen Sie zu dieser Personengruppe dazu? Welche Arten von Partnerschaft werden gesucht? Menschen, die sich eine langfristige Partnerschaft wünschen, bevorzugen die großen, überregionalen Tageszeitungen (vor allem deren

Wochenendausgaben) oder die Wochenendausgaben ihrer Regionalzeitung. Stadtmagazine sprechen in der Regel ein jüngeres Publikum an, hier finden sich auch Gesuche nach Flirts und schnellen Affären. Wer ein bestimmtes Hobby hat, das ihm sehr wichtig ist, sollte den Zeitschriftenkiosk durchforsten. Zu so gut wie jedem Hobby gibt es nämlich eine passende Zeitschrift – und nicht selten befinden sich darin auch Kontaktanzeigen. Dies ist allerdings nichts für Ungeduldige, denn eine monatlich erscheinende Zeitschrift hat einen langen Vorlauf. Sie müssen also unter Umständen eine Weile warten, bis die ersten Zuschriften bei Ihnen eintrudeln.

Das Wichtigste auf einen Blick

- **Kosten:** ab 50 Euro bis 300 Euro für das einmalige Schalten einer Anzeige.

- **Vertragliche Bindung:** Es gelten die Anzeigenrichtlinien der jeweiligen Zeitung oder Zeitschrift. In der Regel wird die Anzeige nur einmal geschaltet.

- **Zielgruppe:** Leser/innen der jeweiligen Zeitung oder Zeitschrift, die viel Wert auf Seriosität und Tradition legen.

- **Anonymität:** bei Anzeigen mit Chiffre absolut gegeben.

- **Foto:** möglich, aber nicht zu empfehlen.

- **Formen der Selbstpräsentation:** Annonce mit freiem Text (⋯⟩ Seite 55), schriftlich.

- **Medium:** Zeitung oder Zeitschrift; danach Kommunikation per Brief, Telefon oder E-Mail.

- **Zeit/Aufwand:** Zeit für das Formulieren der Anzeige.

- **Formen der Mitgliedschaft:** keine.

Das Inserat mit Telefon-Mailbox

Eine etwas modernere Variante der klassischen Zeitungs-anzeige ist ein Inserat mit einer Telefon-Mailbox, auch Voice-Flirt genannt. Diese Art von Anzeigen ist in vielen regionalen Zeitungen und Stadtmagazinen zu finden. Aber auch die „Süddeutsche Zeitung" bietet den Service, sich zusätzlich zum normalen Briefchiffre einen Telechiffre schalten zu lassen. In diesem Fall bekommen Sie eine eigene Telefon-Mailbox, deren Nummer ebenfalls in der Anzeige abgedruckt wird. Auf dieser Mailbox hinterlassen Sie eine gesprochene Begrüßung. Wer sich für Ihre Anzeige interessiert, kann einfach zum Telefonhörer greifen und eine Nachricht für Sie hinterlassen. Sie selbst entschei-den, wann Sie diese Nachrichten abhören wollen und wen Sie zurückrufen möchten. Für die reine Buchung die-ses Services fallen in der Regel keine Kosten an, doch ist das Abhören der Mailbox gebührenpflichtig.

Bei reinen Mailbox-Anbietern werden Zuschriften in Briefform oder per E-Mail in der Regel nicht zugestellt.

Vor- und Nachteile von Inseraten mit Telefon-Mailbox

Die Vor- und Nachteile von Inseraten mit Telefon-Mailbox sind ähnlich wie die der klassischen Zeitungsanzeige. Sie können Ihre Zielgruppe einschränken, indem Sie sich für eine bestimmte Zeitung entscheiden. Auch hier bleiben Sie erst einmal anonym. Das Schreiben entfällt ebenfalls – wer sich nicht gerne schriftlich ausdrückt oder Schwierig-keiten mit der Rechtschreibung hat, wird sich darüber freuen. Allerdings haben reine Voice-Flirts noch wenige Mitglieder, es empfiehlt sich daher, diese Art der Kontakt-aufnahme als Zusatzfunktion zu einer regulären Kontakt-anzeige zu nutzen. Dann haben Sie allerdings etwas mehr

1

Arbeit, denn Sie müssen sich nicht nur einen aussagekräftigen Text für die Anzeige überlegen, sondern auch noch eine fantasievolle Begrüßung auf Ihre Mailbox sprechen.

Ein großer Nachteil dieses Angebots ist, dass Sie die Kosten, die für das Abhören der Mailbox anfallen, nur schwer selbst kontrollieren können. Denn Sie wissen nicht im Voraus, wie oft Ihnen jemand auf die Mailbox spricht und wie oft Sie diese abhören werden. Ein Anruf ist schnell gemacht und meist genauso schnell auch wieder vergessen, doch später kann die Überraschung dann umso unangenehmer ausfallen. Da auch für die Person, die Ihre Mailbox anruft, Kosten anfallen (diese können bis zu 1,99 Euro/ Minute betragen), müssen Sie damit rechnen, dass viele Interessenten nur sehr kurze Nachrichten hinterlassen werden (oft ist der Platz auch begrenzt). Die Möglichkeit, ausführlicher von sich zu erzählen, besteht hier also nicht und es kann sein, dass Sie nur Antworten wie „Hallo, hier ist der Stefan. Ich habe deine Anzeige gelesen, bin 27 und gehe auch gerne tanzen. Melde dich doch einmal bei mir" bekommen. Aussagekräftige Antworten sehen anders aus. Dazu kommt noch, dass Sie die „Nieten" nicht so einfach aussortieren können, denn Sie müssen die Nachrichten in der Regel ganz anhören, bevor Sie sie löschen können. Dafür haben Sie einen Vorteil, den es sonst nirgends gibt: Sie hören die Stimme eines Kandidaten oder einer Kandidatin – und die kann oft viel mehr sagen als ein Brief.

Kosten für die anrufende Person

Zielgruppe

Als diese Art der Partnersuche vor rund fünf Jahren aufkam, war die Zielgruppe dieser Anzeigen noch sehr jung – die „Generation Handy" eben –, doch mittlerweile bevorzugen auch viele ältere Menschen diese Form der Kontaktaufnahme. Einen Computer hat vielleicht nicht jeder zu Hause, ein Telefon oder Handy aber auf jeden Fall.

Darauf sollten Sie achten

Wichtig ist vor allem, auf weitere Kosten zu achten, die im Voraus oft nur schwer zu kalkulieren sind. Es muss nämlich nicht nur das Inserat bezahlt werden, sondern auch für das Abhören der Mailbox fallen Gebühren an, die bis zu 1,49 Euro/Minute betragen können. Viele Anbieter werben damit, dass ihre Anzeigen kostenlos sind und holen sich später ihr Geld durch hohe Kosten für das Abrufen der Mailbox wieder. Lesen Sie das Kleingedruckte im Vertrag sowie die Allgemeinen Geschäftsbedingungen aufmerksam durch. Ebenfalls zu beachten ist, dass die angegebenen Gebühren nur für Anrufe aus dem deutschen Festnetz gelten; was Sie vom Handy aus bezahlen, ist oft nur schwer herauszufinden. Hier können Sie also unangenehme Überraschungen erleben, wenn Ihre nächste Handyrechnung ins Haus flattert.

Kleingedrucktes beachten

Anbieter

Der größte Anbieter von Inseraten mit Telefon-Mailbox ist AMIO (www.amio.de). Er steckt hinter einem Großteil der rund 100.000 Kontaktanzeigen mit Telefon-Mailbox, die jede Woche in Zeitschriften und Zeitungen in ganz Deutschland zu finden sind. Die Anzeige erscheint sowohl auf der AMIO-Website als auch in der regionalen Zeitung.

Um mit anderen Mitgliedern in Kontakt zu treten, müssen Sie eine Premium-Mitgliedschaft für 4,99 Euro pro Monat abschließen. Sie haben auch die Möglichkeit, über eine 0900er-Nummer Singles zu kontaktieren (⋯⟩ Seite 44), dafür fallen Kosten in Höhe von 1,86 Euro/Minute an. Antworten in Briefform oder per E-Mail werden nicht zugestellt.

Das Wichtigste auf einen Blick

- **Kosten:** Hier gibt es zwei Varianten: Zum einen besteht die Möglichkeit, zusätzlich zu einer Anzeige mit Briefchiffre eine Telefon-Mailbox schalten zu lassen. Diese Anzeigen kosten ab 50 Euro bis 300 Euro für das einmalige Schalten einer Anzeige. Für das Abhören dieser Mailbox werden zusätzliche Gebühren fällig, die bis zu 1,49 Euro/Minute betragen können. Zum anderen gibt es Anzeigen, auf die man ausschließlich über eine Mailbox antworten kann. Diese sind oft kostenlos, doch das Abhören der Mailbox kann bis zu 1,49 Euro/Minute kosten.

- **Vertragliche Bindung:** Es gelten die Anzeigenrichtlinien der jeweiligen Zeitung oder Zeitschrift. In der Regel wird die Anzeige nur einmal geschaltet.

- **Zielgruppe:** Leser und Leserinnen der jeweiligen Zeitung oder Zeitschrift, zunehmend auch ältere Menschen.

- **Anonymität:** bei Anzeigen mit Chiffre absolut gegeben.

- **Foto:** möglich, aber nicht zu empfehlen.

- **Formen der Selbstpräsentation:** Annonce mit freiem Text, persönliche Ansage auf der Telefon-Mailbox, schriftlich und mündlich.

- **Medium:** Zeitung oder Zeitschrift, Kommunikation per Brief, Telefon oder E-Mail; bei einigen Anbietern auch nur über Telefon.

- **Zeit/Aufwand:** Zeit für das Formulieren der Anzeige und das Besprechen der Mailbox.

- **Formen der Mitgliedschaft:** unterschiedlich – in einer Zeitung oder Zeitschrift erscheint die Anzeige zumeist nur einmal, auf einer zusätzlichen Website kann eine längere Laufzeit gewählt werden.

Partnerinstitute und Heiratsvermittlungen

Sie sind noch nicht ausgestorben: die klassischen Partner-
institute und Heiratsvermittlungen. Eine Google-Suche nach
dem Begriff „Heiratsvermittlung" ergab im April 2008 knapp
110.000 Treffer, die Suche nach „Partnerinstitut" immerhin
22.800 Treffer (wobei dort sicher auch reine Online-Ange-
bote auftauchen). Auch heute noch inserieren diese Institute in den Wochenendausgaben von renommierten Tageszeitungen. Diese Anzeigen unterscheiden sich kaum von
den klassischen Heiratsanzeigen – nur dass hier ein Institut dahinter steht, das Seriosität garantieren soll. Die Inserenten und Inserentinnen werden vom Institut geprüft und
empfohlen, so der Eindruck des Lesers oder der Leserin.
Bei der Anzeige einer Privatperson ist diese Gewährleis-
tung dagegen nicht gegeben.

Vor- und Nachteile von Heiratsvermittlungen

Wenn Sie sich für eine Heiratsvermittlung entscheiden,
haben Sie einen Vorteil: Sie brauchen nicht selbst auf die
Suche nach einem Partner oder einer Partnerin zu gehen.

Suche durch Institut

Nur am Anfang müssen Angaben zur Person, zu den Wünschen und Vorstellungen gemacht werden – die Suche
nach einer geeigneten Kandidatin oder einem Kandidaten
übernimmt dann das Heiratsinstitut. Die Vorschläge werden in Form von Profilen mit oder ohne Foto überreicht,
gelegentlich auch mit einem zusätzlichen Video (die Anfer-
tigung eines solchen 30-minütigen Videos kann zusätzlich
bis zu 2.000 Euro kosten). Wünschen Sie ein Treffen mit
der von Ihnen ausgewählten Person, müssen Sie dies in
der Regel selbst organisieren. Außerdem garantiert ein
Heiratsinstitut eine persönliche Beratung und Betreuung.
Im Gegensatz zu einer Online-Partnervermittlung haben
Sie hier einen persönlichen Ansprechpartner, der für Sie
auch jederzeit erreichbar sein sollte.

1

Leider finden sich unter den Heiratsinstituten viele schwarze Schafe. Die Arbeit der Agenturen ist für Partnersuchende nicht sehr transparent – einige von ihnen treffen sich mit den Interessentinnen und Interessenten nicht einmal in einem eigenen Büro, sondern in einer Hotellobby oder in der privaten Wohnung, wie ein Test der Stiftung Warentest im Oktober 2005 herausfand (···⫶ Literatur im Anhang). Außerdem ist es unmöglich nachzuvollziehen, welche und wie viele Personen sich in der Kartei eines Instituts befinden – und ob Sie überhaupt eine Chance haben, hier eine Partnerin oder einen Partner zu finden. Nicht selten werben einige Heiratsinstitute in Zeitungen sogar mit gefälschten Fotos und Inseraten („Lockvögel"). Neben einem solchen Inserat befindet sich dann zwar ein Foto einer sehr hübschen Frau oder eines sehr gut aussehenden Mannes, angeblich ein „Originalfoto". Es ist tatsächlich ein Originalfoto – doch nicht das der oder des Inserierenden, sondern das eines Models, das sein Bild zur Veröffentlichung freigegeben hat. Ruft dann jemand die Telefonnummer bei der Anzeige an, so hat er oder sie ein Heiratsinstitut am Apparat. Die Person sei erfolgreich vermittelt worden und stehe daher nicht mehr zur Verfügung, heißt es dann, doch man schicke gerne jemanden vorbei, der über das Angebot des Instituts informiere. Selbst wenn bei diesen Bildern etwas genauer „Foto von Sabrina" oder „Bild von Bernd" steht, können Sie nicht überprüfen, ob Sabrina und Bernd tatsächlich existieren. Nicht einmal die teuersten Agenturen schrecken vor der Arbeit mit solchen Lockangeboten zurück.

Gefälschte Fotos

Im Januar 2008 hat der Bundesgerichtshof entschieden, dass ein Partnervermittlungsvertrag, der aufgrund eines solchen Lockvogelangebots zustande gekommen ist, zwar nicht sittenwidrig und damit von vornherein nichtig im Sinne des § 138 BGB ist. Er kann jedoch nach § 123 BGB (arglistige Täuschung) anfechtbar sein.

Die Stiftung Warentest hat im Oktober 2005 sieben Heiratsinstitute getestet und teilweise Erschreckendes festgestellt: Keine der Agenturen gab konkrete Auskünfte über die Größe der Mitgliederkartei und die Erfolgsaussichten ihrer Arbeit. Dazu wurde teilweise psychischer Druck ausgeübt, um die Interessenten und Interessentinnen zu einem Vertragsabschluss zu bringen. Die Standardpreise der getesteten Agenturen lagen zwischen 2.500 bis weit über 6.000 Euro pro Jahr – gegen Vorkasse, eine Ratenzahlung war in der Regel nicht möglich. Was Sie dafür bekommen, bleibt unklar, denn in vielen Fällen waren die Verträge – insofern sie überhaupt ausgehändigt wurden – inhaltsleer, das heißt, die Pflichten vor allem des Anbieters wurden nicht genau festgelegt. Matthias Wins von der Verbraucherzentrale Mecklenburg-Vorpommern kann diesen negativen Eindruck nur bestätigen: Gegenüber dem „Spiegel" behauptete er im März 2006 sogar, „noch keine Partnervermittlung" kennen gelernt zu haben, die „nur annähernd seriös" arbeite. Vor allem die „leistungsunabhängigen Vorauszahlungen" kritisierte der Jurist. Oft würden 10.000 Euro vorab kassiert, ohne dass später auch nur ein ernst zu nehmender Vorschlag präsentiert würde.

Zielgruppe

Wegen der hohen Kosten wenden sich die seriösen Heiratsinstitute heutzutage an eine sehr gehobene und gut situierte Klientel. Daneben gibt es eine Vielzahl von Agenturen, die sich auf die Vermittlung von osteuropäischen oder asiatischen Frauen spezialisiert haben und sich an Männer aus allen Schichten wenden. Leider arbeiten gerade diese Agenturen ebenfalls häufig mit Lockangeboten. Nicht nur deshalb gilt es, diese Agenturen – besonders wenn der Firmensitz im Ausland liegt – sehr sorgfältig zu überprüfen, denn es ist sehr schwierig, geleistete Zahlungen im Falle eines Misserfolgs zurückzuerhalten.

1

Darauf sollten Sie achten

Da die Zielgruppe der meisten Heiratsinstitute sehr exklusiv ist, fallen für die Dienste hohe Kosten an. Hier gilt: Lesen Sie den Vertrag aufmerksam durch und bestehen Sie darauf, vorab ein Exemplar des Vertrags ausgehändigt zu bekommen, so dass Sie ihn prüfen können. Scheuen Sie sich nicht, konkret nachzufragen, vor allem, wenn es um Kündigungsfristen und Erfolgsquoten geht. Nicht selten werden Beträge von 6.000 Euro und mehr als Vorkasse fällig. Auch verlängert sich häufig die Mitgliedschaft automatisch um ein weiteres Jahr, falls Sie nicht fristgemäß kündigen.

Das Wichtigste auf einen Blick

- **Kosten:** Jahresbeiträge von mehreren Tausend Euro.

- **Vertragliche Bindung:** Meist wird ein Vertrag über ein Jahr abgeschlossen.

- **Zielgruppe:** gehobene und gut situierte Klientel.

- **Anonymität:** hoch, die persönlichen Informationen werden nur passenden Kunden und Kundinnen des Instituts zugänglich gemacht.

- **Foto:** ja, doch wird dieses nur passenden Kunden und Kundinnen des Instituts zugänglich gemacht.

- **Formen der Selbstpräsentation:** Profil, Fotos, Videos, Fragenkatalog, schriftlich/audiovisuell.

- **Medium:** Kontakt erfolgt über das Institut, außerdem kann eine Zeitungsanzeige geschaltet werden, danach Kommunikation über Brief, E-Mail oder Telefon.

- **Zeit/Aufwand:** hängt von der Art der gewählten Präsentation ab.

- **Formen der Mitgliedschaft:** Mitglied mit Jahresbeitrag.

Online-Dating

Das wichtigste Medium bei der Partnersuche ist mittlerweile das Internet. Die Hemmschwelle, sich auf diese Weise auf die Suche nach der großen Liebe zu machen, wird immer geringer, denn das Internet ist als Plattform für Dienstleistungen akzeptiert. Von Einkäufen über Behördengänge und Urlaubsbuchung – wir erledigen mittlerweile so vieles online, warum also nicht auch die Partnersuche? Die Zahl der Dating-Portale im Internet boomt – allein im deutschsprachigen Raum nutzen rund 2.500 Internetportale die Sehnsucht der Menschen nach einer dauerhaften Liebe aus. Rund 15 Millionen Männer und Frauen sind bei mindestens einer dieser Seiten registriert. Ihr Hauptmotiv ist dabei nicht etwa die Suche nach Seitensprüngen oder unverbindlichen Abenteuern, sondern tatsächlich der Wunsch nach einer festen Beziehung.

Internet als Dienstleistungsplattform

Wer sich im Internet auf Partnersuche begibt, hat zwei Möglichkeiten: die Suche in einer Kontaktbörse oder bei einer Partnervermittlung.

Bei den **Kontaktbörsen** stellen die Nutzer und Nutzerinnen selbst ihr Profil (also die Kontaktanzeige) mit Foto ins Internet. Dann stöbern sie in den anderen Profilen auf der Seite und nehmen Kontakt mit denjenigen auf, die ihnen gefallen. Auch sie selbst bekommen Kontaktanfragen, die sie beantworten oder ablehnen können (⋯⋗ Seite 103).

Bei einer **Partnervermittlung** füllen Nutzer und Nutzerinnen dagegen zunächst einmal einen umfangreichen Fragebogen aus, der – wie bei der Partnervermittlung „Parship" – bis zu 80 Fragen umfassen kann. Auf der Basis dieser Angaben sucht die Partnervermittlung passende Kandidaten oder Kandidatinnen aus, mit denen die Mitglieder in Kontakt treten können. Die Fotos stehen nicht allgemein

1

zugänglich im Internet, sie werden erst zur Verfügung gestellt, wenn ein konkreter Partnervorschlag gemacht wird (⋯⋗ Seite 104).

Vor- und Nachteile des Online-Datings

Ein großer Vorteil des Online-Datings ist, dass Sie mit ein paar Mausklicks Zugriff auf die Profile von mehreren Hunderttausend Menschen haben – nirgendwo sonst ist die Auswahl so groß. Außerdem bleibt die Partnersuche nicht auf eine Stadt oder Region beschränkt, sondern kann auf ganz Deutschland – bei manchen Kontaktbörsen sogar weltweit – ausgedehnt werden. Gerade den Menschen, die in ländlichen Regionen mit einem beschränkten Angebot an potenziellen Partnern und Partnerinnen leben, ist damit sehr geholfen.

Große Auswahl

Wenn Sie sich an die Sicherheitstipps, die unter anderem in diesem Buch gegeben werden, halten, ist auch im Internet die größtmögliche Anonymität gewahrt. Dazu kommt, dass Sie beim Online-Dating zeitlich sehr flexibel sein können. Gerade für Menschen, die viel arbeiten und am Abend oft zu müde sind, um noch auszugehen, kann sich diese Art der Partnersuche lohnen. Denn ein paar E-Mails beantworten können Sie auch noch um 22 Uhr im Jogginganzug und mit der Katze auf dem Schoß. Auch für schüchterne Menschen, die sonst Schwierigkeiten haben, jemanden in einer Bar oder auf einer Party anzusprechen, kann die Kontaktaufnahme per E-Mail wesentlich leichter sein. Zwar tut eine Abfuhr immer weh, doch lässt sie sich oft leichter verkraften, wenn man das Ganze nicht direkt ins Gesicht gesagt bekommt. Wer auf der Suche nach einem Partner oder einer Partnerin mit ganz bestimmten Eigenschaften oder Hobbys ist, kann diese in einem eigenen Suchprofil angeben und gezielt nach Personen forschen, die diese Kriterien erfüllen. Nicht zuletzt bleibt Ihre Anzei-

Zeitliche Flexibilität

ge so lange im Netz, wie Sie wollen – zumindest solange Sie die erforderlichen Gebühren entrichten. Diese sind im Vergleich zu traditionellen Heiratsinstituten preiswert – bei Kontaktbörsen zahlt man zwischen 10 und 30 Euro pro Monat, bei den etwas teureren Partnervermittlungen werden zwischen 49 und 150 Euro für drei Monate fällig.

Lassen Sie die Finger von Seiten, die keinen Link zu ihren Allgemeinen Geschäftsbedingungen bereitstellen.

Ein großer Nachteil des Online-Datings besteht darin, dass ein Computer und ein Austausch per E-Mail den persönlichen Kontakt nicht ersetzen können. Ein Mensch mag noch so romantische E-Mails schreiben, aber wenn beim ersten Treffen die berühmte Chemie nicht stimmt, nützen all die schönen Worte und Gemeinsamkeiten, die man im Laufe des Briefwechsels entdeckt hat, nichts: Der Funke springt einfach nicht über.

Kostenlose Angebote haben oft viele Fakes

Schade ist auch, dass die Computerprogramme – wie auch die Mitarbeiter und Mitarbeiterinnen der Heiratsinstitute –, die die „passenden" Partner und Partnerinnen auswählen, nur nach möglichen Gemeinsamkeiten suchen. Der berühmte und manchmal zutreffende Spruch „Gegensätze ziehen sich an" wird hier außer Acht gelassen. Dazu kommt, dass sich vor allem bei den kostenlosen Angeboten viele Fakes oder Abzocker tummeln, die einem Menschen, der ernsthaft auf Partnersuche ist, den Spaß gehörig verderben können. Papier ist geduldig und das Internet erst recht: Man weiß nie, ob das, was der oder die andere in dem Profil und den Mails behauptet, auch der Wahrheit entspricht. So kann sich der Mann, der so nette und gefühlvolle Mails schreibt, beim persönlichen Kontakt als äußerst unangenehm entpuppen – oder schon längst verheiratet sein.

1

Die Zahl der Online-Kontaktbörsen und -Partnervermittlungen ist mittlerweile fast unüberschaubar geworden, und so ist es nicht immer einfach, herauszufinden, welche seriös und Erfolg versprechend sind. Was viele Kontaktbörsen und Partnervermittlungen ihren Nutzern verschweigen, ist, dass auch im schnelllebigen Internet nicht alles von jetzt auf gleich passiert. Nach einer Untersuchung der Online-Partnervermittlung „Parship" brauchen die meisten Suchenden im Schnitt drei Jahre, bis sie den Richtigen oder die Richtige gefunden haben – und das kann im Laufe der Zeit nicht nur Geld, sondern auch Nerven kosten. Schließlich birgt auch die große Anzahl an Möglichkeiten, die das Online-Dating mit sich bringt, einen großen Nachteil: Manche Nutzer und Nutzerinnen verzetteln sich in den Massen der Frauen und Männer, die online suchen, und sind immer auf der Jagd nach dem einen Menschen, der noch besser zu ihnen passt. So besteht nicht zuletzt die Gefahr, süchtig nach Online-Kontakten zu werden.

Verzettelungsgefahr durch zu großes Angebot

Leider fallen auch beim Online-Dating etliche Kontaktbörsen negativ auf. Vor allem unter den vielen kleinen Internet-Portalen befinden sich große Abzocker, so das Ergebnis einer Untersuchung der Stiftung Warentest im Oktober 2005 (⋯⟩ Literatur im Anhang).

Und warum ein Gericht in Kalifornien für einen Streitfall in Deutschland zuständig sein sollte – wie die Stiftung Warentest bei einer Überprüfung des Anbieters „GermanFriendFinder" (www.germanfriendfinder.de) ermittelte –, leuchtet auf den ersten Blick ebenfalls nicht ein. Denn bei einer Klage gegen einen Verbraucher ist das gesetzlich zuständige Gericht in Deutschland der korrekte Gerichtsstand, zumeist der Wohnsitz des Beklagten. Das hat u. a. die Vorteile, dass Sie leichter einen Anwalt finden, der Sie optimal vertritt, und sich einen Überblick über die anfal-

Gerichtsstand

lenden Gebühren verschaffen können. Achten Sie also grundsätzlich darauf, dass im Falle eines Rechtsstreits der Gerichtsstand in Deutschland liegt.

Zielgruppe

Nach einer Studie der Schweizer Universität St. Gallen aus dem Jahr 2005 sind 63 % der Nutzer und Nutzerinnen von deutschsprachigen Online-Dating-Angeboten zwischen 19 und 34 Jahre alt. 70 % davon seien Männer; zurückhaltend zeigten sich dagegen vor allem Frauen aus Westdeutschland. In der Zwischenzeit dürfte sich diese Zielgruppe jedoch erweitert haben.

Das Durch-schnittsalter

Bei den großen deutschsprachigen Kontaktbörsen liegt das Durchschnittsalter der Männer je nach Anbieter heute zwischen 28 und 38 Jahren, das der Frauen zwischen 27 und 29 Jahren. Bei den Partnervermittlungen sind die männlichen Mitglieder je nach Anbieter durchschnittlich zwischen 35 und 41 Jahre alt, die Frauen zwischen 36 und 42 Jahren. Auch der Frauenanteil ist erheblich gestiegen: Bei fast allen Kontaktbörsen und Partnervermittlungen sind nahezu gleich viele Männer und Frauen registriert. Dazu kommt noch, dass es für fast jede Eigenschaft, Religion, sexuelle Vorliebe oder jedes Hobby eine eigene Kontaktbörse gibt. Hundefreunde können bei „Date a dog" fündig werden, Mollige kommen bei „Mollyparadies" auf ihre Kosten und gläubige Katholiken und Katholikinnen können bei „Kathtreff" den Mann oder die Frau fürs Leben finden (Adressen ···⋮ Anhang). Da das Online-Dating heute mit Abstand die häufigste Form der Partnersuche ist, widmet sich der dritte Teil dieses Buches eigens diesem Weg (···⋮ Seite 98). Dort erhalten Sie jede Menge Tipps, was es beim Online-Dating zu beachten gibt, und erfahren alles über die großen seriösen Anbieter.

1

Das Wichtigste auf einen Blick

- **Kosten:** bei Kontaktbörsen: von kostenlos bis ca. 30 Euro pro Monat; bei Partnervermittlungen: zwischen 49 und 150 Euro für eine Laufzeit von drei Monaten.

- **Vertragliche Bindung:** Hier sind Laufzeiten von einer Woche bis zu einem Jahr möglich.

- **Zielgruppe:** bei Kontaktbörsen: Durchschnittsalter der Männer zwischen 28 und 38 Jahren, Frauen zwischen 27 und 29 Jahren; bei Partnervermittlungen: Männer zwischen 35 und 41 Jahren, Frauen zwischen 36 und 42 Jahren.

- **Anonymität:** bei Kontaktbörsen: Name verschlüsselt, Foto sichtbar im Internet; bei Partnervermittlungen: Name verschlüsselt, Foto nur von ausgewählten Personen zu sehen.

- **Foto:** ja.

- **Formen der Selbstpräsentation:** Profil, Fotos, Videos, Fragenkatalog, schriftlich/audiovisuell.

- **Medium:** Internet, Kommunikation per E-Mail.

- **Zeit/Aufwand:** Zeit für das Formulieren des Anzeigentextes und das Hochladen der Fotos; bei Partnervermittlungen zusätzlich: Ausfüllen des Fragebogens (bis zu 60 Minuten).

- **Formen der Mitgliedschaft:** kostenlose Schnupper-Accounts mit eingeschränkten Kommunikationsmöglichkeiten, Premium-Mitgliedschaft mit voller Kommunikation.

Der SMS-Flirt

Flirten
per Handy

Vielen – vor allem jungen – Menschen ist heute selbst die Kommunikation per E-Mail zu anstrengend. Sie bevorzugen eine noch kürzere und knappere Kommunikationsmethode: den Flirt per SMS. Für diese meist sehr junge Zielgruppe sind mittlerweile etliche Internetportale entstanden. Grundsätzlich funktioniert diese Art der Partnersuche ähnlich wie das Online-Dating. Auch hier stellen Sie Ihr Profil und Foto ins Internet, geben dazu aber noch Ihre Handynummer an. Diese ist allerdings nicht für alle einsehbar, sondern unsichtbar hinterlegt. Haben Sie eine Person entdeckt, die Ihnen gefällt, so können Sie sie per SMS anflirten, zunächst noch unter Pseudonym.

Vor- und Nachteile des SMS-Flirts

Der SMS-Flirt geht also noch schneller als das Online-Dating. Dazu kommt, dass Sie örtlich völlig flexibel sind – Sie können auch im Bus, in der Kneipe oder im Wartezimmer des Zahnarztes flirten und müssen nicht zu Hause vor Ihrem Computer sitzen.

Der große Nachteil des SMS-Flirts ist, dass eine SMS auf 160 Zeichen beschränkt ist und man mit seinem Gegenüber daher keine tief schürfenden Gespräche führen kann.

Wer mehr als nur einen harmlosen Flirt sucht, ist also mit dieser Art der Kontaktaufnahme nicht gut beraten. Außerdem haben die meisten reinen SMS-Flirtportale noch sehr wenige Mitglieder, die Auswahl ist daher entsprechend klein.

So schön die dauernde Erreichbarkeit ist, sie kann auch gehörig auf die Nerven gehen – dann nämlich, wenn das Handy unablässig piepst, Sie mit dem Beantworten der Nachrichten nicht mehr nachkommen und Ihr SMS-Speicher aus allen Nähten platzt. Beim SMS-Flirt rechnet Ihr Gegenüber jedoch mit einer schnellen Reaktion. In Ruhe überlegen, ob und was Sie antworten, kommt hier in der Regel nicht in Frage.

Leider sind unter den Anbietern von SMS-Flirts sehr viele schwarze Schafe und Abzocker zu finden – nicht selten muss man zum Beispiel ein Abonnement über ein bestimmtes Kontingent von SMS abschließen oder sich für eine Laufzeit von 24 Monaten festlegen. Wer auf diese Art flirten möchte, sollte sich daher besonders gründlich mit den Allgemeinen Geschäftsbedingungen seines Anbieters auseinandersetzen.

Schwarze Schafe und Abzocker

Vorsicht ist auch dann geboten, wenn die Flirtpartnerinnen nur über 0900er-Telefonnummern zu erreichen sind oder eine SMS zur Dame oder zum Herrn der Wahl gleich mit 1,99 Euro zu Buche schlägt. Dann verstecken sich hinter diesen „Damen" oder „Herren" in der Regel professionelle Animateure und Animateurinnen, die nur darauf aus sind, Ihnen das Geld aus der Tasche zu ziehen. Am Computer (denn so werden die SMS versendet) sitzen dann zum Beispiel Studenten oder Hausfrauen, die sich so ein paar Euro dazuverdienen. Wünschen Sie ein persönliches Treffen mit Ihrer „Traumfrau" oder Ihrem „Traummann", so wird langsam und umständlich (je mehr SMS, desto besser) ein Rendezvous vereinbart – und dann in letzter Sekunde wieder abgesagt.

> Vorsicht ist immer dann geboten, wenn der Kontakt ausschließlich über teure SMS möglich ist. In der Regel steckt ein Abzocker hinter diesem Angebot!

Zielgruppe

Die Zielgruppe des SMS-Flirts ist sehr jung, die Mitglieder sind meist zwischen 15 und 25 Jahre alt. Wer älter ist, ist daher mit dieser Art der Kontaktaufnahme nicht so gut beraten.

Anbieter

Eine Kontaktanzeigen-Seite, die über eine gut ausgebaute SMS-Flirt-Funktion verfügt, ist ICONY (www.icony.de). Bei ihr sind derzeit 1,25 Millionen Menschen in Deutschland, Österreich und der Schweiz registriert. ICONY überprüft alle neuen Mitglieder anhand der Adresse auf Echtheit; bis jetzt ist diese Überprüfung bei rund 40 % der Mitglieder geschehen. Eine Besonderheit des Anbieters ist der Handy-Single-Radar: eine Handy-Software, mit der Mitglieder Singles in ihrer Nähe finden können. Die Kosten für eine Mitgliedschaft betragen 14,90 Euro für einen Monat oder 59,90 Euro für sechs Monate. Dann ist der unbegrenzte Versand von SMS möglich. Wer nur einzelne SMS versenden will, muss 1,99 Euro pro Kurznachricht bezahlen.

Überprüfung auf Echtheit

Die Kontaktbörse iLove (www.ilove.de), die auf Seite 152 näher beschrieben wird, bietet den SMS-Flirt als Zusatzfunktion an. Dazu muss man sich ein kleines kostenloses Programm auf das Handy laden und kann damit den vollen Service von iLove auch mobil nutzen.

Die Kontaktbörse AMIO (···⟩ Seite 14) bietet ebenfalls einen SMS-Flirt an (http://sms-chat.amio.de). Über 20.000 Singles nehmen diese Funktion pro Tag in Anspruch. Hier wird eine Gebühr von 0,99 Euro pro Kurznachricht fällig.

1

Eine weitere Seite für Kontaktanzeigen, die das Handy voll integriert, ist Singletreffen (www.singletreffen.de). Pro Tag können Mitglieder dort kostenlos eine bis drei SMS an andere Mitglieder versenden oder ihnen auf die Mailbox sprechen. 250.000 Menschen sind hier registriert, mit einem Anteil von 66 % überwiegen allerdings die Männer. Für Frauen ist die Mitgliedschaft kostenlos, für Männer kostet die volle Mitgliedschaft 9,90 Euro pro Monat. Nicht-Mitglieder können für 0,99 Euro pro SMS Kontakt zu Mitgliedern aufnehmen. Die Bezahlung erfolgt ebenfalls über die Handyrechnung.

Das Wichtigste auf einen Blick

- **Kosten:** Monatsbeiträge ab 14,90 Euro mit unbegrenztem SMS-Versand oder Einzelabrechnung mit bis zu 1,99 Euro pro SMS.

- **Vertragliche Bindung:** Vertragslaufzeiten von einem bis zu 24 Monaten.

- **Zielgruppe:** sehr jung, 15 bis 25 Jahre.

- **Anonymität:** hoch, wenn Name und Anschrift nicht über die Handynummer herausgefunden werden können.

- **Foto:** ja.

- **Formen der Selbstpräsentation:** Profil, Fotos, schriftlich (per SMS).

- **Medium:** Anzeige im Internet, Kommunikation über Handy.

- **Zeit/Aufwand:** Zeit für das Formulieren der Anzeige.

- **Formen der Mitgliedschaft:** Monatsbeitrag oder Einzelabrechnung.

Single-Events

Vor allem in Großstädten gibt es zahlreiche Angebote, die sich speziell an Alleinstehende wenden. In ungezwungener Atmosphäre lernt man hier gleichgesinnte Singles kennen – sei es auf einer Party, beim gemeinsamen Kochen und Essen oder bei einer kulturellen Veranstaltung. So gibt es zum Beispiel die sogenannten „Fisch sucht Fahrrad"-Partys, die speziell zum Flirten dienen. Halten Sie nur einmal Ihre Augen offen: Plakate, Anzeigen in Tageszeitungen oder Stadtmagazinen, Postkarten oder Flyer kündigen solche Veranstaltungen an. Die Events finden meist in einer Disco statt und die Gäste erhalten entweder eine bestimmte Nummer, einen Spitznamen oder ein ähnliches Erkennungsmerkmal, das sie sich an die Brust heften. Dann gibt es eine Flirtzentrale, bei der man Nachrichten für das Objekt seiner Begierde hinterlassen kann. Dieses entscheidet dann, ob er oder sie Kontakt aufnehmen möchte oder nicht. Andere Partys arbeiten mit einem „Piepser", in den die Besucher ihre persönlichen Vorlieben einprogrammieren. Geht dann ein dementsprechend passender Angehöriger des anderen Geschlechts vorbei, fängt der Piepser

an zu pfeifen und zwei Liebende haben sich gefunden – oder auch nicht. Zwischendurch werden oft neckische Spiele durchgeführt und getanzt – mal mehr, mal weniger eng – wird natürlich auch. Für diese Partys wird eine Eintrittsgebühr ab 10 Euro fällig.

Beliebte Events sind auch sogenannte „Blind Dinner", bei denen sich eine bestimmte Anzahl von Singles (sechs bis acht Personen), zur Hälfte männlich, zur Hälfte weiblich, in einem Restaurant zum Abendessen verabreden. Solche Events werden u. a. auch von Online-Kontaktbörsen wie „Dating-Café" (www.datingcafe.de) oder „Lovepoint" (www.lovepoint.de) angeboten. Eine Variante davon ist das sogenannte „Jumping Dinner" (www.jumpingdinner.de). Hier wird in drei Privatwohnungen gekocht – eine Wohnung für jeden Menügang. Gekocht wird immer von zwei Personen, so dass insgesamt sechs am Essen teilnehmen. Anmelden können Sie sich bereits mit einem Partner bzw. einer Partnerin oder Sie bekommen eine Person zum gemeinsamen Kochen zugeteilt. Am Ende des Abends treffen sich dann alle Kochgruppen zu einer Party – bis zu 50 Menschen feiern und flirten dann zusammen. Die Kosten hierfür betragen rund 20 Euro – und die Bereitschaft, die eigene Wohnung für Fremde zu öffnen (und aufzuräumen). Angeboten werden Jumping Dinners zurzeit in zehn deutschen Großstädten: Berlin, Düsseldorf, Frankfurt am Main, Hamburg, Köln, München, Hannover, Leipzig, Nürnberg und Stuttgart.

Jumping Dinner

Einige Veranstalter – dazu gehören auch Kontaktbörsen – bieten Blind Dates, also Verabredungen mit Unbekannten, an. Dabei geht es in aller Regel jedoch nicht um die Suche nach dem Mann oder der Frau fürs Leben, sondern eher um den Richtigen oder die Richtige für eine Nacht. Wer Interesse an solchen Kontakten hat, sollte besonders darauf achten, dass der Vermittler des Blind Dates seriös ist.

Treffen Sie sich immer an einem öffentlichen Ort. Nur so haben Sie die Möglichkeit, sich zurückzuziehen, wenn Ihnen Ihr Gegenüber unsympathisch ist. Geben Sie persönliche Daten wie Ihren vollständigen Namen oder Ihre Telefonnummer im Vorfeld nie heraus.

Das Speeddating (auch als Express-Date, Zehn-Minuten-Date oder Mini-Date bekannt) ist eine weitere beliebte Möglichkeit, in kurzer Zeit viele neue Leute kennen zu lernen. Hier trifft sich eine bestimmte Anzahl von Singles (je zur Hälfte Männer und Frauen) in einem Café, einer Bar oder einer Kneipe. Die Männer (oder Frauen) haben ihre festen Plätze, die Frauen (oder Männer) nehmen ihnen gegenüber Platz. Dann hat man meist sieben bis zehn Minuten Zeit, um sich zu unterhalten und herauszufinden, ob einem der oder die andere sympathisch ist. Nach Ablauf dieser Zeitspanne rücken die Frauen (oder Männer) einen Platz weiter und das Spielchen geht mit der nächsten Person von vorne los. So können Sie an einem Abend eine bestimmte Zahl von neuen Menschen kennen lernen, die alle ebenso auf Partnersuche sind wie Sie. Am Ende können alle ankreuzen, wen sie gerne näher kennen lernen würden. Nur wenn beide Teilnehmenden einem weiteren Treffen zustimmen, werden die Telefonnummern oder E-Mail-Adressen herausgegeben. Das nächste Date organisieren die Teilnehmer und Teilnehmerinnen dann selbst. Die Kosten für ein solches Event betragen zwischen 30 und 50 Euro, darin enthalten sind meist auch ein Snack und Getränke. Selbst wenn man dabei nicht den Mann oder die Frau fürs Leben findet, ist ein Speeddating-Event auf jeden Fall eine gute Flirtübung – und eine gute Möglichkeit, sich in Selbstdarstellung zu üben, denn schließlich geht es hier darum, sich in kurzer Zeit möglichst gut zu präsentieren. Der größte Veranstalter von Speeddatings in Deutschland ist SpeedDating (www.speeddating.de), der nach dem Konzept „Sieben Dates à sieben Minuten" arbeitet und 200.000 registrierte Mitglieder hat. Die Teilnehmer und Teilnehmerinnen werden nach Altersgruppen eingeteilt, auf ein ausgewogenes Geschlechterverhältnis wird geachtet. Der Preis für die Teilnahme an einem Speeddating beträgt 29 Euro.

Speeddating

Kosten

1

Vor- und Nachteile von Single-Events

Der große Vorteil der Single-Events ist, dass man hier andere Singles im „wahren Leben" kennen lernt. Man muss sich nicht erst durch Tausende von Profilen im Internet wühlen, denn das Zusammenführen übernehmen die Veranstalter. Diese achten auch darauf, dass die Gruppe vom Alter her zusammenpasst. Allerdings hat man keinen Einfluss darauf, wen man trifft, und so kann es vor allem bei einem Blind Dinner passieren, dass man den ganzen Abend mit Menschen verbringen muss, mit denen man nichts anfangen kann – man hat also nicht nur wieder nicht den Traumpartner oder die Traumpartnerin gefunden, sondern auch noch wertvolle Zeit vertrödelt.

> Eine gute Alternative ist ein Themen-Date (zum Beispiel eine Kulturveranstaltung oder ein Sport-Date), denn so haben Sie zumindest schon eine Gemeinsamkeit.

Zielgruppe

Die Zielgruppe dieser Events sind großstädtische Singles (die sogenannten „Young Professionals") gemischten Alters. Fragen Sie bei der Anmeldung den Veranstalter nach der Altersgruppe, denn gerade bei Veranstaltungen mit einer sehr begrenzten Teilnehmerzahl – wie zum Beispiel beim Speeddating oder einem Kochevent – ist es wichtig, dass die Gruppe vom Alter her zusammenpasst.

Anbieter

Die mit Abstand größte Auswahl an Single-Events bietet die Online-Kontaktbörse Dating-Café (www.datingcafe.de) an (···⟩ Seite 141). Zum einen organisiert Dating-Café eigene Events, zum anderen finden Sie hier zusätzlich Veranstaltungen anderer Anbieter aufgelistet. Dazu gehören „Blind Dinners", die Speeddatings von „Fastdating", Reisen, Flirt-Kurse und Blind-Date-Events, wie zum Beispiel Cocktail-Kurse oder Floßfahrten für Singles. Die Teilnehmer und Teilnehmerinnen an diesen Events sind Mitglieder von Dating-Café, darüber hinaus achtet der Veranstalter auf ein ausgewogenes Geschlechterverhältnis. Die Kosten für die Teilnahme liegen (außer bei Reisen) meist unter 50 Euro. Auch für Singles mit Kind gibt es viele Angebote.

Seit 2007 ist der Veranstalter JustDates (www.justdates.de) auf dem Markt zu finden, der eine große Bandbreite von Single-Events anbietet. Pro Postleitzahlengebiet sind auf der Website immer zwei bis zehn Termine aufgelistet – von sportlichen bis hin zu kulturellen Blind Dates. Die Kosten hängen von der Art der Veranstaltung ab und beginnen bei etwa 20 Euro. Auch JustDates achtet auf ein ausgewogenes Geschlechterverhältnis.

Das Wichtigste auf einen Blick

- **Kosten:** von 10 Euro für eine Single-Party bis zu 1.000 Euro und mehr für eine Single-Reise.

- **Vertragliche Bindung:** gilt nur für das gebuchte Event.

- **Zielgruppe:** vor allem großstädtische Singles gemischten Alters.

- **Anonymität:** gering, da persönlicher Kontakt.

- **Foto:** erübrigt sich, da persönlicher Kontakt.

- **Formen der Selbstpräsentation:** Gespräche, mündlich.

- **Medium:** persönliche Treffen.

- **Zeit/Aufwand:** hängt von der Art des Events ab.

- **Formen der Mitgliedschaft:** keine Mitgliedschaft.

Das sollten Sie bei der Entscheidung für Ihren Weg der Partnersuche beachten

- Welche **Kosten** kommen auf mich zu?

- Sind diese **Kosten kalkulierbar** oder hängen sie davon ab, wie oft ich einen bestimmten Dienst nutze (zum Beispiel beim Abhören einer Mailbox)?

- Gibt es **versteckte Kosten**?

- Welche **vertragliche Bindung** gehe ich ein?

- Welche **Vertragslaufzeit** und welche **Widerrufs- und Kündigungsfristen** gibt es?

- Welche **Zielgruppe** hat der Anbieter? Bei welchem **Anbieter** finde ich was? Kann ich bei einem bestimmten Anbieter überhaupt fündig werden?

- Wie wichtig ist mir **Anonymität**?

- Welchen **Grad von Anonymität** gewährleistet ein Anbieter?

- Kann (oder muss) ich mich mit **Fotos** präsentieren?

- **Wie** kann ich mich **präsentieren**: vorgegebenes Profil, freier Text, Fragenkatalog, Fotos, Videos, Sprachnachrichten etc.?

- Erfolgt die **Kommunikation** mündlich oder schriftlich?

- Kann ich mich **mündlich oder schriftlich** besser ausdrücken und „verkaufen"?

- Über welches **Medium** wird kommuniziert?

- Wie **vertraut** bin ich im Umgang **mit diesem Medium**?

- Wie viel **Zeit** will ich in die Partnersuche investieren?

- Welche **Formen der Mitgliedschaft** gibt es?

Was es bei allen Formen der Partnersuche zu beachten gilt

Egal, ob Sie sich für die Partnersuche per Internet oder per klassischer Zeitungsanzeige entscheiden – es gibt einige Dinge, die für alle Formen der Partnersuche gelten. So sollten Sie genau überprüfen, welche Kosten auf Sie zukommen, und die Allgemeinen Geschäftsbedingungen Ihrer Partnervermittlung genau durchlesen, bevor Sie sich für ein Angebot entscheiden. Und auch wenn es dann ans erste „richtige" Treffen geht, sollten Sie nicht alle Vorsicht außer Acht lassen, nur weil Sie den anderen oder die andere ja schon durch Briefe, Telefonate und E-Mails „kennen gelernt" haben. Wertvolle Tipps für alle Formen der Partnersuche erhalten Sie in den folgenden Kapiteln.

Die emotionale Grundhaltung

Viele Menschen haben nach wie vor Hemmungen, gezielt auf Partnersuche zu gehen und ihrem Liebesglück durch eine Anzeige oder im Internet auf die Sprünge zu helfen. Kein Wunder, geht es hier doch nicht darum, ein Schnäppchen bei eBay zu machen, sondern um Gefühle. Und wo Gefühle ins Spiel kommen, wird es schnell kompliziert. Wer sich gezielt auf Partnersuche begibt, muss daher oft an der eigenen emotionalen Grundhaltung arbeiten und sich darauf einstellen, dass andere mit den persönlichen Bedürfnissen Geld verdienen möchten. Dessen sollten Sie sich bewusst sein.

Dienstleistung, bei der es um Gefühle geht

Scham und Verletzlichkeit

Viele Menschen, die mit Hilfe von Profis auf Partnersuche gehen, schämen sich dabei auch ein bisschen. Sie haben Angst, dass man meinen könnte, mit ihnen stimme etwas nicht, sonst würden sie ja schließlich „ganz normal" jemanden kennen lernen. Doch was ist heute schon normal? Viele Menschen arbeiten so viel, dass sie abends keine Zeit oder Lust mehr haben, um aus dem Haus zu gehen. Oder sie haben einen sehr eingeschränkten Bekanntenkreis und wissen nicht, wie sie neue Leute kennen lernen sollen. Warum also den Bekanntenkreis nicht auf „künstliche" Weise erweitern und dem Glück ein wenig auf die Sprünge helfen?

Vor allem Frauen scheuen sich oft, ihr Profil bei einer Kontaktbörse ins Internet zu stellen. Was, wenn mich die Kollegin dort sieht oder, noch schlimmer, der Chef? Mal ehrlich: Wenn sich Ihre Kollegin oder Ihr Chef in einer Online-Kontaktbörse herumtreiben, dann sicherlich nicht, um Ihnen nachzuspionieren, sondern weil sie selbst auf der Suche nach Kontakten irgendwelcher Art sind. Sie

2

haben also gar keinen Grund, sich zu schämen – was Sie in Ihrer Freizeit tun, geht niemanden etwas an!

Zu diesen anfänglichen Hemmungen kommt noch ein zweites Problem dazu. Gehen wir einmal von der üblichen Situation aus: Sie sind auf der Party eines Freundes und lernen dort eine sympathische Frau oder einen netten Mann kennen. Dieses Kennenlernen erfolgt ganz zufällig, sie haben eine Gemeinsamkeit – nämlich den gemeinsamen Freund – und daher schon einmal ein Gesprächsthema. Dass Sie beide Single sind, kommt erst im Laufe des Gesprächs an den Tag. Vielleicht sind Sie ja beide angenehm überrascht und die Sache entwickelt sich weiter. Egal, was daraus wird: Kennen gelernt haben Sie sich völlig zwanglos. Sie haben Ihr Gegenüber nicht von vornherein als potenzielle Partnerin oder möglichen Partner betrachtet und sich daher vielleicht auch „normaler" verhalten. Wer sich dagegen über eine Anzeige, im Internet oder beim Speeddating kennen lernt, weiß von Anfang an, dass der oder die andere auf Partnersuche ist und sich daher von der Schokoladenseite präsentiert. Beide wissen, dass hinter all dem Smalltalk stets die Frage schwebt: „Könnte ich mir mit ihm oder ihr eine gemeinsame Zukunft vorstellen?" Das setzt beide unter extremen Druck, da sie viel zu hohe Erwartungen in das Treffen setzen. Dies gestehen sich viele Menschen nur ungern ein und wollen es schon gar nicht vor einer fremden Person zugeben. Ein Gedanke kann Sie etwas beruhigen: Ihrem Gegenüber geht es ganz genauso. Auch er oder sie ist nicht hier, weil es nichts Besseres zu tun gibt, sondern weil er oder sie auf der Suche nach einem Partner bzw. einer Partnerin ist. Auch Ihr Gegenüber hat Angst, dass er oder sie zurückgewiesen werden könnte und vielleicht den Rest des Lebens alleine verbringen muss. Sie sitzen also beide im selben Boot – und haben beide keinen Grund, sich zu schämen.

Zwangloses Kennenlernen

Gezieltes Kennenlernen

Gefühle gegen Kalkül

Nun haben Sie sich also dazu entschieden, bei der Partnersuche ein wenig nachhelfen zu lassen, und jetzt kommt
da so eine Partnervermittlung daher und will dafür auch
noch Geld von Ihnen? Viele Menschen können nur schwer
nachvollziehen, dass andere Menschen mit ihren Bedürfnissen Geld verdienen. Für die Partnervermittlung ist Ihre
Partnersuche Suche nach dem oder der Richtigen ein Geschäft, mit dem
als Geschäft sich Geld verdienen lässt, und das nicht zu knapp. Wie es
Ihnen dabei geht, ob Sie frustriert sind, weil nichts voran-
geht, oder ob Sie die Möglichkeiten ausschöpfen, die sich
Ihnen hier bieten, interessiert die meisten Kontaktbörsen
nur wenig. Hauptsache, die Kasse stimmt und Sie zahlen
regelmäßig Ihren Beitrag. Dies ist eine Tatsache, die Sie
wohl oder übel akzeptieren müssen. Wenn dabei am Ende
die große Liebe herauskommt, dann ist all das Geld, das
Sie investiert haben, schnell vergessen – Gefühle kann
man nun einmal nicht in Geld messen!

Ein veränderlicher Prozess

Jeder Mensch verändert sich im Laufe der Zeit, dazu tragen
auch die Erfahrungen bei, die wir bei der Partnersuche
Regelmäßiger machen. Zieht sich Ihre Partnersuche über längere Zeit hin,
Selbstcheck so überprüfen Sie regelmäßig Ihre eigene Position. Haben
Sie noch dieselben Erwartungen und Prioritäten wie zu
Beginn Ihrer Suche? Vielleicht haben Sie ja gemerkt, dass
Ihr Selbstbild nicht ganz mit dem Bild, das andere von
Ihnen haben, übereinstimmt. Oder in Ihrem Leben sind
plötzlich Dinge geschehen, die dazu führen, dass sich Ihre
Suchkriterien ändern und Sie nun auf andere Dinge Wert
legen. Überlegen Sie dann, ob die gewählte Form der Part-
nersuche noch die richtige für Sie ist, und zögern Sie nicht,
Ihr Profil oder Ihren Anzeigentext den neuen Gegebenhei-
ten anzupassen.

Das liebe Geld ...

Wer professionelle Hilfe bei der Partnersuche in Anspruch nimmt, muss dafür in die Tasche greifen – mal tief, mal weniger tief. Während man bei Online-Kontaktbörsen noch mit einem Monatsbeitrag von 10 Euro dabei ist (für Frauen gibt es ab und zu sogar kostenlose Angebote), muss man bei Heiratsinstituten meist mehrere Tausend Euro pro Jahr auf den Tisch legen.

2

Wer vergleicht, spart

Wie bei Handwerkern und anderen Dienstleistern gilt auch bei der Partnervermittlung: Holen Sie sich Vergleichsangebote ein, bevor Sie sich für eins entscheiden. So lassen sich überteuerte und unseriöse Anbieter leichter aussortieren. Lesen Sie die jeweiligen Allgemeinen Geschäftsbedingungen aufmerksam durch. Das kostet zwar ein wenig Zeit, kann später jedoch viel Geld sparen. Gerade im Internet macht man gerne einmal den Fehler, das Kästchen „Ich habe die Allgemeinen Geschäftsbedingungen gelesen und stimme ihnen zu" einfach anzuklicken, weil man sich schnell bei einer Seite anmelden möchte und keine Lust hat, sich durch lange Paragrafen zu wühlen – und das

Angebote vergleichen

auch noch online. Doch genau darauf spekulieren viele Abzocker. Im Kleingedruckten steht dann zum Beispiel, dass Sie gerade ein Abonnement für 24 Monate abgeschlossen haben – doch wenn Sie das nicht gelesen haben, sind Sie selbst schuld an dem Schlamassel.

Lassen Sie sich auch von niemandem zu einem Vertragsabschluss drängen, zum Beispiel von dem Vertreter einer
Heiratsvermittlung. Wer kein Interesse daran hat, dass Sie
die Allgemeinen Geschäftsbedingungen und den Vertrag
gut durchlesen, hat dies meist aus „gutem" Grund – weil
er etwas zu verbergen hat zum Beispiel. So viel Zeit muss
man Ihnen geben, alles andere ist unseriös!

Was ist von Gratisangeboten zu halten?

Immer noch gibt es im Internet viele Kontaktbörsen und
Flirtportale, die kostenlos sind. Sie finanzieren sich allein
durch Werbung und dementsprechend sehen die Seiten
auch aus. Wer sich an den vielen bunten Pop-up-Fenstern
nicht stört, kann diese Dienste durchaus in Anspruch nehmen. Viel Geld verdient der Anbieter mit diesen Werbe-
fenstern allerdings nicht und hat daher auch nicht die
Möglichkeit, viel Geld in Service oder Personal zu investieren. Eine Überprüfung der Mitglieder ist hier zum Beispiel
meist nicht möglich. Sie müssen also damit rechnen, dass
sich jede Menge Fakes herumtreiben – also erfundene Profile, Menschen, die falsche Angaben machen oder Fotos
von anderen benutzen, oder professionelle Dienstleister,
die Sie auf teure (meist pornografische) Websites locken

**Werbung
und Fakes**

möchten. Auch für nütz-
liche Extras, wie zum
Beispiel Ignorierlisten
(···⟩ Seite 79), mit deren
Hilfe Sie Nervensägen
sperren lassen können,
ist häufig kein Geld da.
Außerdem ist der Server
eines solchen Anbieters
oft nicht der schnellste,
denn er soll ja nicht viel
kosten. Wenn es dann

vor allem in den Abendstunden häufig zu Ausfällen kommt oder sich die Seiten nur sehr langsam öffnen, kann dies den Spaß am Stöbern und Flirten gehörig verderben. Wer ernsthaft auf der Suche nach einer Partnerschaft ist und Menschen kennen lernen möchte, die ebenso denken, sollte diese kostenlosen Angebote lieber meiden. Bei einem kostenpflichtigen Dienst ist die Wahrscheinlichkeit, dass es die Nutzer auch wirklich ernst meinen, in der Regel wesentlich höher. Doch natürlich können Sie auch bei kostenlosen Anbietern fündig werden ...

2

Es gibt einige lobenswerte Ausnahmen, die umsonst arbeiten und trotzdem seriös sind (Seite 140). Dazu gehören Singlebörsen, die sich an spezielle Zielgruppen wenden, wie zum Beispiel Landwirte, Alleinerziehende oder Ältere. Hier arbeiten die Mitarbeiter oft noch aus reinem Idealismus – der Erfolg ist Dank genug.

Bei einigen Online-Kontaktbörsen ist die Mitgliedschaft für Frauen kostenlos. Dies wurde eingeführt, um mehr Frauen anzulocken, da die Kontaktbörsen am Anfang hauptsächlich von Männern genutzt wurden. Und es hat funktioniert, denn inzwischen ist das Geschlechterverhältnis bei den meisten Online-Kontaktbörsen fast ausgewogen. Allerdings ist man auch hier vor Fakes nicht ganz sicher. Immer wieder kommt es vor, dass sich Männer als Frauen anmelden, um Kosten zu sparen. Sie stellen ihr normales Profil ins Netz, allerdings ohne Foto. Und Sie als Frau bekommen dann eine E-Mail von Martina, die mit den Worten beginnt: „Ich bin gar nicht Martina, sondern Martin." Wollen Sie wirklich einen Partner, der zu geizig ist, um die Gebühren für eine Online-Kontaktbörse zu zahlen? Prinzipiell spricht jedoch nichts dagegen, diese für Frauen kostenlosen Angebote zu nutzen. Trotz allem ist man hier vor Fakes relativ sicher und wenn sich nichts tut, können Sie immer noch auf andere Angebote umsteigen.

Kostenlose Mitgliedschaft für Frauen

Vorsicht vor versteckten Kosten!

Wenn Sie sich für einen Anbieter entscheiden, so achten Sie besonders darauf, dass keine versteckten Kosten in Ihrer Abrechnung auftauchen. Dies ist vor allem bei Flirt-portalen und Kontaktbörsen der Fall, die das Telefon oder Handy miteinbeziehen. Kommt die Kommunikation aus-schließlich über teure 0900er-Nummern zustande, kann schnell eine beträchtliche Summe auflaufen. Auch Anbie-ter, deren SMS mit 1,99 Euro pro Kurznachricht berechnet werden, sorgen für hohe Handyrechnungen. Grundsätzlich gilt: Lassen Sie von solchen Anbietern lieber die Finger, da sie es in der Regel hauptsächlich auf Ihr Geld abgesehen haben.

0900er-Nummern

Anders sieht es aus, wenn die Kommunikation per Handy oder Flirt-Telefon eine Zusatzoption Ihres Anbieters ist. Dann sollten Sie sich im Vorfeld genau erkundigen, ob diese Zusatzfunktion im Preis enthalten ist und – falls nicht – welche Kosten dafür anfallen. Beachten Sie dabei auch, dass die angegebenen Minutenpreise nur für Tele-fonate aus dem deutschen Festnetz gelten. Für Gespräche vom Handy aus können diese erheblich teurer ausfallen. Und auch Menschen, die eine Telefon-Flatrate haben, sind damit noch nicht aus dem Schneider. Bei den Rufnummern der Flirtportale und Kontaktbörsen handelt es sich in der Regel um Sonderrufnummern, die in der Flatrate nicht ein-geschlossen sind.

Sonder-nummern

Nicht nur bei Telefonnummern sollten Sie vorsichtig sein, sondern auch bei Internet-Links ist blindes Vertrauen nicht angebracht. Nicht selten versuchen kostenlose Flirtportale, Sie auf eine andere Seite zu locken, auf der Sie angeblich noch tollere Flirtpartnerinnen finden. Sie werden dann um Rückruf gebeten – teure Gebühren werden angeblich er-stattet, doch warten Sie darauf dann vergeblich.

2

Viele Internetdienste weisen nur sehr klein auf ihre Kosten hin. Das Computermagazin „Chip" untersuchte im Februar 2008 unter anderem die Seite www.online-flirten.de. Auf der Startseite war noch nicht von Kosten die Rede, erst unter dem Anmeldeformular fand sich ganz unten der Hinweis, dass es sich hierbei um ein zwölfmonatiges Abonnement für 79,95 Euro handelte. Der Anbieter www.nachbarschaft24.net verspricht Flirts in der unmittelbaren Umgebung – wer sich hier anmeldet, schließt allerdings gleich einen Vertrag über 24 Monate für 216 Euro ab.

Bezahlungsmöglichkeiten

Die meisten Anbieter von Online-Datings bieten mehrere Bezahlungswege an: So gut wie immer ist die Bezahlung über Lastschrift oder Kreditkarte möglich, manchmal auch per Überweisung. Doch müssen Kunden dabei einige persönliche Daten preisgeben, was vielen Menschen unangenehm ist. Bei einer Bezahlung über die Kreditkarte können Sie den Betrag nicht zurückfordern, bei einer Lastschrift ist dies dagegen innerhalb von sechs Wochen möglich, und zwar ohne Angabe von Gründen. Wenn Sie mit der Kreditkarte bezahlen, wird Ihr Zugang in der Regel sofort freigeschaltet, bei der Bezahlung per Lastschrift oder Überweisung dagegen oft erst, wenn der Betrag tatsächlich auf dem Konto des Anbieters eingegangen ist. Das kann bis zu fünf Werktage dauern.

Kreditkarte und Lastschrift

Wenn Sie Kreditkarten- oder Kontodaten im Internet preisgeben, so achten Sie darauf, dass die Übertragung der Daten verschlüsselt erfolgt. Dies erkennen Sie daran, dass sich rechts unten im Rahmen Ihres Browsers (wenn Sie den Internet-Explorer benutzen) ein kleines gelbes Schloss befindet. Außerdem beginnen sichere Internetseiten immer mit „https" statt „http".

Eine Zahlungsmethode, die im Internet immer beliebter wird und auch von einigen Online-Dating-Anbietern akzeptiert wird, ist Firstgate click & buy. Wer sich hier registrieren lässt, gibt einmal seine Kreditkartennummer oder Bankverbindung an und erhält dann im Gegenzug einen Zugangscode. Diesen benutzen Sie, um sich bei einer Online-Kontaktbörse anzumelden oder sich Songs aus dem Internet herunterzuladen. Mehrere tausend Dienstleistungen lassen sich mittlerweile auf diese Weise bezahlen. Die Anbieter holen sich die Gebühren von Firstgate, auf Ihre Kontodaten haben sie keinen Zugriff. Die eBay-Tochter Paypal funktioniert ähnlich.

Beim Bezahlungsmodell T-Pay geben Sie dagegen nicht Ihre Bankverbindung an, sondern Ihre Telefonnummer. Die Abrechnung erfolgt dann über Ihre Telefonrechnung.

Bei Zeitungsanzeigen erfolgt die Bezahlung in der Regel per Überweisung, Lastschrift oder Kreditkarte. Bei SMS-Flirts oder Anzeigen mit Telefon-Mailbox wird über die Handy-Rechnung abgerechnet. Dies ist zwar sicher, aber teuer, denn die Handy-Anbieter wollen hier natürlich mitverdienen. Heiratinstitute verlangen meist eine Bezahlung per Lastschrift, auf eine Bezahlung mit Scheck sollten Sie sich lieber nicht einlassen. Seriöse Institute akzeptieren auch Ratenzahlungen. Single-Events müssen – je nach Art der Veranstaltung – bei der Anmeldung vorab per Überweisung, Lastschrift oder Kreditkarte bezahlt werden; kleinere Beträge können häufig auch vor Ort beglichen werden.

Heirats-
institute

Vertragliche Bindung

Wenn Sie die Leistungen eines Partnervermittlers in Anspruch nehmen, schließen Sie mit diesem einen Vertrag ab. Der Vertrag sollte immer in schriftlicher Form vorliegen und die jeweiligen Interessenslagen, Rechte und Pflichten beschreiben. Allerdings übersehen viele Menschen, dass dazu nicht unbedingt ihre Original-Unterschrift vorliegen muss. Im Internet genügt es schon, wenn Sie die entsprechenden Kästchen anklicken und am Ende das Formular abschicken. Dann erhalten Sie von Ihrem Anbieter eine Bestätigung per E-Mail. Spätestens mit der Überweisung des Geldes ist dieser Vertrag dann rechtswirksam.

Bei Partnervermittlungsverträgen sind die beiden Vertragspartner an keine bestimmte Vertragsform gebunden. Einen eigenen Ehe- oder Partnervermittlungsvertrag kennt das BGB nicht, im § 656 BGB ist lediglich die Klagbarkeit der Ehevermittlung geregelt. Häufig fallen die in der Branche üblichen Verträge in die Bereiche Maklervertrag (§§ 652 ff. BGB), Dienstvertrag (§§ 611 ff. BGB) oder Werkvertrag (§§ 631 ff. BGB) oder sie stellen Mischformen aus diesen Vertragsarten dar. Hier kann es zu Problemen bei der Abgrenzung kommen. Das ist insbesondere dann von Bedeutung, wenn Sie mit der Leistung Ihrer Partnervermittlung nicht zufrieden sind und Ihr Geld zurückverlangen möchten, da

Regelungen durch das BGB

die verschiedenen Vertragsarten unterschiedliche Pflichten festlegen. Lassen Sie deshalb Ihren Vertrag von einem Rechtsanwalt oder einer Anwältin prüfen. Diese können Sie über die Möglichkeiten beraten, gegen den Vertrag vorzugehen.

Die Allgemeinen Geschäftsbedingungen

Besonders sorgfältig sollten Sie die Allgemeinen Geschäftsbedingungen (AGBs) Ihres Partnervermittlers prüfen, da
diese Bestandteil des Vertrags sind. Hier sind die Rechte
und Pflichten der Vertragspartner genau aufgelistet. Die
AGBs sollten auf jeden Fall Informationen zum Gegenstand des Vertrags, zu Leistungsumfang, Kündigungsrecht,
Haftung des Betreibers, Verantwortlichkeit des Kunden,
Gerichtsstand und Widerrufsrecht enthalten. Wichtig ist
auch, dass sich der Anbieter an das Bundesdatenschutz-
gesetz (BDSG) und – bei Online-Partnervermittlungen –
an das Gesetz zum Datenschutz bei Telediensten (TDDSG)
hält. So dürfen personenbezogene Daten nicht an Dritte
weitergegeben werden, es sei denn, Sie als Kunde oder
Kundin stimmen dem ausdrücklich zu. Allerdings ist es
bei einer Partnervermittlung nötig, bestimmte personenbezogene Daten zu speichern oder weiterzuleiten, so zum
Beispiel das Alter, Geschlecht oder den Wohnort des Mit-
glieds, da diese Informationen für die Vermittlungsarbeit
nötig sind. Die Online-Partnervermittlung „Parship" löst
dieses Problem dadurch, dass sie einem Mitglied bei der
Anmeldung genau zeigt, welche Daten anderen Mitgliedern zugänglich gemacht werden und welche nicht. Auch
Bildmaterial von Nutzern oder Nutzerinnen sollte nicht
ohne deren ausdrückliche Zustimmung verwendet werden, zum Beispiel für Werbeanzeigen oder -poster.

Rechte und Pflichten der Vertragspartner

Die Stiftung Warentest fand bei ihrem Test
im Jahr 2005 heraus, dass es viele Online-
Kontaktbörsen und -Partnervermittlungen
mit den Datenschutzbestimmungen nicht
allzu genau nehmen. Unter Umständen kann
es dann passieren, dass Ihre persönlichen
Daten weitergegeben und für Werbezwecke
verwendet werden.

Vertragsdauer

Die meisten Anbieter von Online-Datings bieten Verträge mit unterschiedlicher Dauer an, die bei zunehmender Laufzeit immer günstiger werden. Meist beginnt die Laufzeit bei einem Monat und beträgt bis zu einem Jahr. Es gibt aber auch Verträge mit unbegrenzter Laufzeit – achten Sie hier besonders auf die Kündigungsfristen! Legen Sie sich am Anfang auf eine kurze Vertragsdauer fest, zum Beispiel auf eine Laufzeit von drei Monaten. Nach diesem Zeitraum werden Sie beurteilen können, ob dieser Partnervermittler der richtige für Sie ist.

Bei Heiratsinstituten werden meist Jahresverträge abgeschlossen, bei SMS-Flirts gibt es wie beim Online-Dating Staffelungen von ein bis sechs Monaten.

Inserate werden in der Regel nur einmal geschaltet, zusätzlich besteht die Möglichkeit, sie ins Internet zu stellen. Bei einer Tageszeitung bleibt Ihre Annonce meist eine Woche online, bei einer Monatszeitschrift bis zum Erscheinen der nächsten Ausgabe. Bevor Sie sich in hohe Unkosten stürzen, empfiehlt es sich, die Anzeige zunächst nur einmal zu schalten. Stellt sich der gewünschte Erfolg nicht ein, können Sie die Anzeige ohne großen Aufwand noch einmal platzieren.

Zeitungs-anzeigen

Bei Blind Dates, Speeddating und anderen Single-Events ist mit der Teilnahmegebühr die einmalige Teilnahme an dieser Veranstaltung abgegolten.

Die vertragliche Bindung beginnt bei den meisten Anbietern von Online-Datings mit der Registrierung und der damit verbundenen Annahme der Allgemeinen Geschäftsbedingungen; generell mit dem Ablauf der zweiwöchigen Widerrufsfrist. Zahlen Sie vorher bereits Geld an den Anbieter, gilt der Vertrag als angenommen. Nach der Zahlung kann allerdings auch noch widerrufen werden, und zwar, wenn Sie das Angebot noch nicht in Anspruch genommen haben.

Kündigungsfristen

Lesen Sie das Kleingedruckte und die Allgemeinen Geschäftsbedingungen besonders aufmerksam. Bei vielen Premium-Mitgliedschaften verlängert sich nämlich das Abonnement automatisch, wenn Sie nicht fristgerecht kündigen. Notieren Sie sich daher genau das Datum, an dem Sie sich registrieren ließen, und tragen Sie am besten auch gleich den spätesten Kündigungstermin in Ihren Kalender ein. Die wenigsten Partnervermittlungen informieren Sie nämlich, wenn es so weit ist, und Sie merken erst, dass das Abo verlängert wurde, wenn das Geld von Ihrem Konto abgebucht wird. Die sicherste Methode, um eine Mitgliedschaft zu kündigen, ist das Einschreiben mit Rückschein. Jede deutsche Internetseite muss ein Impressum beinhalten. Darin finden Sie die volle Anschrift des Anbieters, an die Sie Ihre Kündigung dann senden können.

Automatische Verlängerung des Abos berücksichtigen

Ein beliebter Trick ist auch, ein billiges oder kostenloses Testabo anzubieten, das sich jedoch automatisch in ein Jahresabonnement umwandelt, wenn Sie es nicht innerhalb weniger Tage wieder kündigen. Ein sorgfältiger Blick ins Kleingedruckte hilft, diese unangenehmen Überraschungen zu vermeiden.

Außerordentliche Kündigung

Wer der Meinung ist, seine Partnervermittlung erbringe ihre Leistungen nur unzureichend, sollte dies dem Anbieter mitteilen. Listen Sie die Mängel detailliert auf und bestehen Sie auf Abhilfe. Ein Beispiel für einen solchen Mangel sind unbrauchbare Partnervorschläge, wie sie auf Seite 53 näher erläutert werden. Wenn Sie sich nicht beschweren, wertet der Anbieter dies als Annahme der Leistung und Sie müssen bezahlen. Vor allem, wenn Sie vor Ablauf der vereinbarten Frist aus Ihrem Vertrag aussteigen und Ihr Geld zurückverlangen wollen, ist die Frage, ob der Anbieter den Vertrag ordnungsgemäß erfüllt hat, von großer Bedeutung.

Grundsätzlich gilt: Der Vermittler darf nur eine Bezahlung der Leistungen verlangen, die er auch erbracht hat. Wenn Sie merken, dass eine Partnervermittlung nicht Ihren Vorstellungen entspricht, so kündigen Sie lieber schnell, denn so müssen Sie weniger bezahlen.

Wer vor Ablauf des gebuchten Zeitraums kündigen möchte, hat dabei vier Möglichkeiten:

1. Zuerst einmal können Verträge nach dem § 627 BGB fristlos gekündigt werden. Dieser Paragraf besagt, dass Dienstverträge, die ein besonderes Vertrauensverhältnis zwischen den Vertragspartnern voraussetzen, jederzeit und ohne Angabe von Gründen gekündigt werden können. Dies gilt mittlerweile – nach ständiger obergerichtlicher Rechtsprechung des Bundesgerichtshofs – auch für Verträge mit Partnervermittlungsinstituten und kann durch die Allgemeinen Geschäftsbedingungen nicht ausgeschlossen werden.

§ 627 BGB

2. Eine weitere Möglichkeit, um vorzeitig aus einem Vertrag herauszukommen, ist das Widerrufsrecht für Haustürgeschäfte. Wer in seinen eigenen vier Wänden überredet wird, einen Vertrag abzuschließen und dabei keine Vergleichsmöglichkeiten hat, sollte stets ein 14-tägiges Widerrufsrecht haben. Es beginnt mit der Aushändigung einer Belehrung in Textform (heißt: Brief, E-Mail oder Fax reichen aus) über das Widerrufsrecht (ein Text auf einer Internetseite gilt hier nicht). Außerdem muss die Anschrift genannt

Widerrufsrecht für Haustürgeschäfte

sein, an die der Widerruf zu richten ist, sowie der genaue Termin, an dem die Frist beginnt. Wollen Sie dieses Widerrufsrecht in Anspruch nehmen, sollten Sie keinesfalls eine Erklärung abgeben, dass Sie den Vertreter oder die Vertreterin des Instituts ins Haus bestellt haben. Die Partnervermittlung muss nämlich beweisen, dass ihr Mitarbeiter bzw. ihre Mitarbeiterin zum Vertragsabschluss und nicht nur zur Information bestellt wurde – und das kann sie nicht, wenn Sie das nicht bestätigen. Bestanden zwischen Ihnen und der Partnervermittlung zuvor noch keine geschäftlichen Beziehungen, so kann man davon ausgehen, dass der Vertreterbesuch nur der Information diente. Maßgeblich beim Vertragswiderruf ist das Datum des Poststempels auf Ihrem Kündigungsschreiben.

Vertrag mit Teil- oder Ratenzahlung

3. Wenn Sie einen finanzierten Partnervermittlungsvertrag abgeschlossen haben, der Teilzahlungen oder langfristige Ratenzahlungen beinhaltet, ähneln die Widerrufsmöglichkeiten denen für Haustürgeschäfte. Haben Sie dafür einen Kredit bei einer Bank aufgenommen, so müssen Sie den Widerruf an die Bank richten und das Darlehen auflösen.

Gesetz gegen unlauteren Wettbewerb

4. Eine letzte Möglichkeit, um aus einem Partnervermittlungsvertrag vor Ablauf der Frist herauszukommen, ist, sich auf das Gesetz gegen unlauteren Wettbewerb zu berufen. Dies greift dann, wenn die Partnervermittlung mit Lockangeboten geworben hat. Denn dabei handelt es sich um irreführende Werbung, und das kann Ihren Vertrag gegenstandslos machen.

Wann können Sie Geld zurückverlangen?

Bei einer vorzeitigen Kündigung des Vertrags gilt: Wer noch nichts bezahlt hat, muss auch nichts zahlen (§ 656 BGB). Lassen Sie sich auch nicht von Drohungen einschüchtern. Falls Sie einen Mahnbescheid erhalten, so müssen Sie innerhalb von zwei Wochen Widerspruch dagegen einlegen. Klagen müssen Sie ebenfalls abwehren. Holen Sie in solchen Fällen stets anwaltlichen Rat ein.

Was aber ist, wenn Sie im Voraus schon bezahlt haben? Wie viel Geld können Sie zurückfordern? Haben Sie während der 14-tägigen Widerrufsfrist gezahlt und noch keine Leistungen erhalten, so können Sie den gesamten Betrag zurückfordern. Bei einer fristlosen Kündigung nach § 627 BGB bekommen Sie ebenfalls alles zurück, auch wenn Sie bereits Leistungen bekommen haben. Allerdings werden die „zu vergütenden Aufwendungen" der Partnervermittlung abgezogen (Urteil des Bundesgerichtshofs vom 25.5. 1983, Az.: IVa ZR 182/81). Wie hoch diese Aufwendungen sind, ist allerdings Auslegungssache und richtet sich danach, wie viel der Kläger durch die Inanspruchnahme der Partnervermittlung eingespart hat.

Das OLG Düsseldorf hat sich mit einem Fall beschäftigt, in dem der Kläger zehn Adressen von der Partnerschaftsvermittlung erhalten hatte. Diesen Adressen sprach es einen Wert von 500 Euro zu, da nach seiner Auffassung zwei Zeitungsannoncen zu je 250 Euro nötig gewesen wären, um dieselbe Anzahl an Adressen zu erhalten (Urteil vom 11.7. 1991, Az.: 8 U 84/90). Holen Sie sich in einem solchen Fall unbedingt eine rechtliche Beratung ein. Diese ist durch eine Rechtsschutzversicherung abgedeckt.

Zu wenige Angebote

Hat sich Ihre Partnervermittlung als unbrauchbar erwiesen, können Sie den gesamten Betrag zurückfordern. In diesem Fall müssen Sie beweisen, warum die Partnervorschläge unbrauchbar waren. Eine zu lange Nase des potenziellen Partners genügt hier nicht, doch wenn Ihnen Ihre Partnervermittlung nur Partner oder Partnerinnen in Berlin vorschlägt, Sie aber in München wohnen, kann dies ein Argument sein.

Das sollten Sie bei Vertragsabschluss beachten

- Habe ich mehrere **Vergleichsangebote** eingeholt?

- Sind die **AGBs** des Anbieters leicht zu finden?

- Welche **Kündigungsfristen** gibt es?

- Kommen **versteckte Kosten** oder nur schwer kalkulierbare Zusatzkosten (z.B. für die Kontaktaufnahme per Handy) auf mich zu?

- Was ist im **Grundpreis** des Angebots enthalten?

- Für welche Angebote fallen **Zusatzkosten** an?

- Gibt es andere Möglichkeiten zur Kontaktaufnahme als **0900er-Nummern**?

- Welche **Bezahlungsmöglichkeiten** gibt es?

- Falls ich Kreditkarten- oder Kontodaten eingeben muss: Erfolgt die Übertragung über eine **verschlüsselte Verbindung**?

- Liegt mir ein **schriftlicher Vertrag** vor?

- Werden in den AGBs die **Rechte und Pflichten** von beiden Parteien genau **geregelt** (u. a. Gegenstand des Vertrags, Leistungsumfang, Kündigungsrecht, Haftung des Betreibers, Verantwortlichkeit des Kunden, Gerichtsstand, Widerrufsrecht)?

- Hält sich der Anbieter an die **Bestimmungen** des Bundesdatenschutzgesetzes (BDSG) bzw. an das **Gesetz** zum Datenschutz bei Telediensten (TDDSG)?

Das eigene Inserat oder Online-Profil

Sie haben sich also entschieden, Ihrem Liebesglück ein wenig auf die Sprünge zu helfen. Nun können Sie loslegen! Wenn Sie eine Annonce in einer Zeitung oder Zeitschrift aufgeben oder Ihr Profil ins Internet stellen, müssen Sie als Erstes diese Anzeige oder das Profil formulieren. Doch das ist oft gar nicht so einfach. Überlegen Sie gut, wie Sie sich präsentieren und welche Zielgruppe Sie ansprechen möchten. Wer sich zum Beispiel in einem sehr körperbetonten Outfit zeigt, braucht sich später nicht zu wundern, wenn er oder sie eindeutige Antworten erhält.

Tipps zur Formulierung

Sowohl bei einem Bild als auch bei der Formulierung des Textes sollten Sie genau überlegen, was Sie über Ihre Persönlichkeit jetzt schon preisgeben möchten und was Sie erst verraten wollen, wenn zwischen Ihnen und einem Kandidaten oder einer Kandidatin ein etwas vertrauteres Verhältnis besteht. Alleinerziehende Frauen haben zum Beispiel oft Angst, dass ein Kind abschreckend auf einen potenziellen Partner wirkt und verschweigen es daher am Anfang lieber. „Wenn er sich erst einmal in mich verliebt hat, dann wird er das Kind auch akzeptieren", mögen sie sich vielleicht denken. Aber mal ehrlich: Könnten Sie jemandem vertrauen, der von Anfang an nicht mit offenen Karten spielt? Ersparen Sie sich (und dem Partner) solche Enttäuschungen und seien Sie von Anfang an ehrlich.

Ehrlichkeit von Anfang an

Egal, ob Sie eine klassische Annonce in einer Zeitung oder Zeitschrift aufgeben oder Ihr Profil ins Internet stellen – machen Sie sich zunächst einmal klar, wonach Sie überhaupt suchen. Nach der großen Liebe für die Ewigkeit? Oder nach einem aufregenden erotischen Abenteuer?

Und worauf legen Sie bei Ihrem zukünftigen Partner oder Ihrer Partnerin Wert? Welche Eigenschaften sollen potenzielle Kandidaten und Kandidatinnen mitbringen? Ist es Ihnen wichtig, dass Sie Hobbys miteinander teilen? Wie wichtig ist Ihnen das Aussehen? Was möchten Sie mit Ihrem zukünftigen Partner oder Ihrer Partnerin erleben (Reisen, Kultur, Familie usw.)? Kommt es Ihnen auf finanzielle Sicherheit an? Suchen Sie eine Schmusekatze oder einen Schmusebär? Und was geht gar nicht? Denken Sie an Ihre Beziehungsvergangenheit zurück – nur so finden Sie heraus, was Sie wollen und was Sie nicht wollen.

Entsprechend Ihren Wünschen und Ihren Abneigungen sollten Sie dann auch Ihre Anzeige oder Ihr Profil formulieren. Je deutlicher Sie Ihr Ziel ausdrücken, desto sicherer können Sie sein, dass sich nicht allzu viele völlig unpassende Kandidaten oder Kandidatinnen auf Ihre Anzeige melden. Doch obwohl es wichtig ist, sich über die eigenen

Spielraum bei den Wünschen lassen

Wünsche und Abneigungen im Klaren zu sein, sollten Sie mit diesen Kriterien nicht allzu starr umgehen. Es wäre doch schade, wenn Sie eine Person ausmustern würden, die zwar vom Charakter und ihrer Persönlichkeit perfekt zu Ihnen passt, aber leider drei Zentimeter kleiner ist als Sie! Oder Ihre Traumfrau keine Zwanzig mehr, dafür aber eine echte Persönlichkeit ist. Hier gilt es, das richtige Maß an konkreten Wünschen und Flexibilität zu bewahren. Auch wenn Sie bestimmte Vorstellungen haben – bleiben Sie offen für Überraschungen!

2

> **Fragen zum zukünftigen Partner,**
> **zur zukünftigen Partnerin:**
>
> • Welche **Art von Kontakt** suche ich (Flirt, sexuelles Abenteuer, Beziehung, Mann oder Frau fürs Leben)?
>
> • Auf welche **Eigenschaften** lege ich Wert?
>
> • **Was geht gar nicht?**
>
> • Wie wichtig sind mir **Aussehen, Größe, Gewicht** usw.?
>
> • Welche Bedeutung hat der **finanzielle Status** für mich?

Doch nicht nur, wen oder was Sie suchen, ist wichtig, auch wer Sie selbst sind, ist von großer Bedeutung. Denn schließlich suchen andere Menschen nach Ihnen – und diese sollten ein Bild von Ihnen haben, das Ihrer Persönlichkeit entspricht. Wenn Ihnen bestimmte Dinge wichtig sind, so gehen Sie in Ihrer Anzeige darauf ein. Bei einer Annonce in einer Zeitung oder Zeitschrift steht Ihnen nur begrenzter Platz zur Verfügung – es sei denn, Sie wollen sehr viel Geld für die Anzeige ausgeben. Hier müssen Sie daher sorgfältig auswählen, was in die Anzeige gehört. Versuchen Sie, Ihre Einzigartigkeit auf zwei oder drei Eigenschaften oder Facetten zu konzentrieren und testen Sie diese (Selbst-)Wahrnehmung an Ihren Freundinnen und Freunden.

Die Selbstdarstellung

Im Internet sieht die Sache anders aus: Hier hat man oft mehr Platz, um sich selbst zu präsentieren. Verzichten Sie jedoch darauf, Ihren gesamten Lebenslauf breitzutreten. Niemand hat Lust, seitenlange Romane zu lesen. Beschränken Sie sich auf das Wesentliche und bewahren Sie sich ein paar Geheimnisse. Das macht Sie interessant und potenzielle Partner oder Partnerinnen nehmen Kontakt mit Ihnen auf, weil sie mehr über Sie erfahren möchten.

Diese Fragen sollten Sie sich stellen:

- Welche **Informationen** will ich über mich preisgeben (Alter, Größe, Gewicht, Haar- und Augenfarbe, Hobbys, sexuelle Vorlieben usw.)?

- Was habe ich zu **bieten**?

- Was **gefällt mir** an mir besonders gut?

- Wie **wirke** ich auf andere?

- Was möchte ich erst noch **für mich behalten**?

Ihre Wünsche an eine Beziehung:

- Suche ich eine **Partnerschaft fürs Leben** oder bin ich für alles offen?

- Möchte ich unbedingt **Kinder** haben oder könnte ich darauf auch verzichten?

- Was will ich mit meinem Partner / meiner Partnerin **gemeinsam erleben**?

- Was ist mir in einer Beziehung **am wichtigsten**?

- Was darf **auf gar keinen Fall** passieren?

- Welchen **Alltag** wünsche ich mir mit ihr oder ihm?

In Zeitungen oder Zeitschriften gibt es die Möglichkeit, bestimmte Worte am Anfang der Annonce fett oder farbig zu setzen oder eine Überschrift zu formulieren. Auch bei Kontaktanzeigen im Internet ist diese Möglichkeit gegeben. Neben einem Foto ist diese Überschrift das wichtigste Mittel, um die Aufmerksamkeit des Lesers oder der Leserin auf Ihre Anzeige zu lenken, und sollte deswegen sorgfältig formuliert werden. Sie haben hier im Wesentlichen zwei

Möglichkeiten: Entweder Sie sagen etwas über sich selbst aus („Sportlicher Mittdreißiger") oder Sie sagen kurz und knapp, was Sie suchen („Wer reist mit mir um die Welt?"). Versuchen Sie mit Ihrer Überschrift Ihre Zielgruppe einzufangen – das ist oft nicht leicht, lohnt sich aber ganz bestimmt.

Darüber hinaus gibt es einige Dinge, die in einer Kontaktanzeige nichts verloren haben und erst bei einem näheren Kontakt erwähnt werden sollten. Dazu gehört zum Beispiel der Beruf. Jeder Mensch hat schon einmal Erfahrungen mit bestimmten Berufsgruppen gemacht und bringt leicht Klischees mit bestimmten Jobs in Verbindung. Krankenschwester und Buchhalter sind nur zwei Beispiele dafür. Bleiben Sie hier lieber allgemein und verwenden Sie Bezeichnungen wie:

Berufs-
angabe

– kreativ-künstlerisch
– selbstständig
– Akademiker(in)
– im kaufmännischen Bereich tätig
– Angestellte(r)
– im Gesundheitsbereich tätig
– beruflich engagiert
– in Führungsposition

Sind Sie im Moment arbeitslos, so sollten Sie dies in Ihrer Anzeige noch nicht erwähnen, denn viele Menschen haben (leider) Vorurteile gegen Arbeitslose. Doch sobald jemand ernsthaftes Interesse an Ihnen zeigt, sollten Sie mit der Wahrheit herausrücken, um Ihren potenziellen Partner oder Ihre potenzielle Partnerin nicht zu täuschen.

Arbeits-
losigkeit

Auch Ihre finanziellen Verhältnisse sollten in der Kontaktanzeige noch nicht genannt werden. Viele Männer geben allerdings gerne damit an, dass sie gut verdienen, weil sie sich davon eine größere Zahl an Zuschriften erhoffen.

Wenn es Ihnen nichts ausmacht, dass Ihre potenzielle Partnerin unter Umständen mehr an Ihrem Bankkonto als an Ihrer Persönlichkeit orientiert ist, so können Sie in Ihrer Anzeige gerne auf Ihre großzügigen finanziellen Mittel hinweisen. Aber auch Frauen sind heute oft in Positionen, in denen sie gut verdienen.

Keine Angaben zum Vermögen

Doch Vorsicht! Die Gattung der Heiratsschwindler ist leider noch nicht ganz ausgestorben und das Internet mit seiner Anonymität bietet dieser betrügerischen Spezies ein ganz neues Betätigungsfeld. Halten Sie Ihr Vermögen lieber noch etwas geheim – dies kann Sie vor finanziellen Verlusten und bitteren Enttäuschungen schützen.

Immer wieder liest man in Annoncen auch Wendungen wie „nach großer Enttäuschung" oder „Gibt es denn keine anständigen Männer mehr?" oder Ähnliches. Damit drücken die Inserenten oder Inserentinnen ihre Frustration aus und zeigen, was sie zum Aufgeben ihrer Annonce bewogen hat. Doch mal ehrlich: Ist das von Interesse? Natürlich sollte man in einer neuen Beziehung über die früheren Partner und Partnerinnen sprechen, aber nicht gleich am Anfang (in diesem Fall sogar noch vor dem eigentlichen Kennenlernen). Außerdem zeigen solche Formulierungen, dass Sie Ihre frühere Beziehung noch nicht verarbeitet haben und daher noch nicht wirklich bereit für eine neue Partnerschaft sind. Konzentrieren Sie sich in Ihrer Anzeige auf die Gegenwart und die Zukunft – Ihre Vergangenheit hat an dieser Stelle nichts verloren.

Vergessen Sie nicht, die Rechtschreibprüfung Ihres Computers über Ihren Text laufen zu lassen, bevor Sie ihn abschicken. Im Eifer des Gefechts könnte der eine oder andere Tippfehler unterlaufen – und gerade bei Online-Inseraten wird Ihr Text dann auch so übernommen.

2

Besonderheiten der Zeitungsanzeige

Bei einer Bekanntschaftsanzeige in einer Zeitung oder Zeitschrift ist der Text Ihrer Anzeige besonders wichtig, denn er ist das einzige Mittel, mit dem Sie die Kandidaten oder Kandidatinnen auf sich aufmerksam machen können – Fotos gibt es hier nicht. Anders als beim „klassischen" Kennenlernen von Angesicht zu Angesicht fallen das Aussehen sowie Sinneseindrücke wie der Geruch oder der Klang der Stimme weg. Ihnen bleiben also nur die Worte auf dem Papier oder Bildschirm, um Sympathie beim Leser oder der Leserin zu erwecken. Deshalb sollten Sie sich diese Worte sorgfältig überlegen, denn sie vermitteln den ersten Eindruck von Ihrer Person.

Besonderheiten des Online-Profils

Bei vielen Flirtbörsen oder Online-Partnervermittlungen tragen Sie Ihren Text in ein vorgefertigtes Formular ein und erstellen so Ihr sogenanntes Online-Profil. Für den Anbieter und Sie als Kunden oder Kundin hat dies den Vorteil, dass alle Anzeigen ähnlich aufgebaut sind und Sie sich somit leichter zurechtfinden. Feste Bestandteile des Online-Profils sind in der Regel:

Vorgefertigte Formulare

– ein **Foto**
– ein **Kurztext**
– ein **Nickname** (mehr dazu finden Sie im dritten Teil dieses Buches auf der Seite 112).

Viele Online-Kontaktbörsen und -Partnervermittlungen, aber auch klassische Heiratsinstitute konfrontieren Sie erst einmal mit einem seitenlangen Fragebogen, auf dem Sie Auskunft über eine Vielzahl von Charaktereigenschaften, Ihren Wohnort, sexuelle Vorlieben und so weiter geben sollen. Meistens können Sie dabei bestimmte

Punkte aus einer Tabelle auswählen und einfach ankreuzen. Dieser Fragebogen wird dann durch ein Computerprogramm gejagt, das nach Übereinstimmungen zwischen Ihnen und anderen Mitgliedern sucht. Dies hat den Vorteil, dass Kandidaten oder Kandidatinnen, die überhaupt nicht zu Ihnen passen, von vornherein ausgemustert werden und Sie sich nicht mit einer Fülle von unmoralischen Angeboten herumschlagen müssen. In der Regel werden in den Fragebögen der Online-Kontaktbörsen die folgenden Daten abgefragt:

Persönliche Angaben
Dazu gehören Name, Alter, Familienstand (alleinstehend, geschieden, Kinder), Wohnort, Beruf, Geschlecht und sexuelle Orientierung. Beim Namen sollten Sie erst noch anonym bleiben (das schützt vor allem Frauen vor unerwünschten Belästigungen). Wählen Sie einen Nickname (mehr dazu ab Seite 112) oder geben Sie nur Ihren Vornamen an.

Nickname statt richtiger Name

Ein leidiges Problem ist immer das Alter, doch empfiehlt es sich, auch hier ehrlich zu bleiben. Wer nicht gleich mit der Tür ins Haus fallen will, kann sich mit Angaben wie „30+" aus der Affäre ziehen. So haben Sie einen Spielraum von 31 bis 39 – ist das nicht genug?

Die Frage nach dem Familienstand sollte leicht zu beantworten sein, und auch die Frage nach dem Wohnort ist kein Problem. Großstädter müssen hier nicht um ihre Anonymität bangen. Anders sieht es dagegen aus, wenn Sie aus einer Kleinstadt kommen, die kein Mensch kennt, in der aber dafür jeder Sie kennt. Hier empfiehlt es sich, die nächste Großstadt in Ihrer Umgebung oder die ersten beiden Ziffern Ihrer Postleitzahl zu nennen. Beim Beruf brauchen Sie nicht allzu sehr ins Detail zu gehen (siehe oben). Die Angaben zum Geschlecht dürften einfach zu beantworten sein (und die Horrorgeschichten, in denen sich Männer als junge Mädchen ausgeben, sind meist auf Teenie-Chats beschränkt). Anders sieht es bei der sexuellen Orientierung aus. Die meisten Online-Kontaktbörsen gehen davon aus, dass ihre Mitglieder heterosexuell sind. Wer gezielt auf der Suche nach gleichgeschlechtlichen Kontakten ist, ist daher besser beraten, sich an eine Kontaktbörse für Schwule, Lesben oder Bisexuelle zu wenden.

Das Aussehen

Zu dieser Kategorie gehören Angaben zu Größe, Gewicht, Statur, Haar- und Augenfarbe, Attribute und besondere Merkmale. Bei Größe und Gewicht ist grundsätzlich zur Ehrlichkeit zu raten, denn wer hier schummelt, fliegt spätestens beim ersten Date auf. Doch was sind Attribute und besondere Merkmale? Darunter fällt all das, was bei potenziellen Partnern oder Partnerinnen für Überraschungen sorgen könnte – sei es nun angenehmer oder unangenehmer Natur: ein Waschbrettbauch, Tattoos, Piercings, Sommersprossen, Herzschrittmacher usw.

Besondere Merkmale

Die heiklen Fragen

Trinken Sie zum Essen gerne einen guten Wein? Und macht Sie dies gleich zum Alkoholiker? Die Profile von Kontaktbörsen und Partnervermittlungen stellen häufig auch Fragen zum Alkohol-, Nikotin- und Drogenkonsum. Die Antworten sind nicht ganz einfach, denn ab wann man als Alkoholiker gilt, sieht jeder Mensch anders. „Nie" sollten Sie bei der Frage nach Ihrem Alkoholkonsum nur dann ankreuzen, wenn Sie wirklich abstinent sind. Bedenken Sie auch, dass Ihre Antwort nicht nur signalisiert, wie Sie selbst mit Alkohol umgehen, sondern auch, was Sie sich von Ihrem Partner oder Ihrer Partnerin in dieser Beziehung erhoffen. Wer sich hier nicht allzu sehr einschränken will, sollte daher keine genauen Angaben zum eigenen Alkoholkonsum machen.

Alkohol und Rauchen

Anders verhält es sich beim Thema Nikotin. Da für viele Nichtraucher eine Raucherin und umgekehrt absolut indiskutabel ist, sollten Sie hier lieber von Anfang an ehrlich sein. Nicht so bei Drogen – allerdings aus einem ganz anderen Grund: Drogenkonsum ist in Deutschland immer noch strafbar, und es muss ja nicht für alle Welt im Internet ersichtlich sein, dass Sie illegale Dinge tun, auch wenn es sich dabei „nur" um einen gelegentlichen Joint handelt.

Hobbys und Interessen

Diese Rubrik ist oft in die folgenden Unterrubriken aufgeteilt: Sport, Reisen, Musik, Filme, Politik, Haustiere. Hier spricht nichts dagegen, wahrheitsgemäß Auskunft zu geben, denn so stellen Sie sicher, dass Ihr Partner oder Ihre Partnerin Sie als Mensch ein wenig konkreter kennen lernt und vielleicht sogar ähnliche Interessen hat wie Sie.

Ähnliche Interessen locken

Denken Sie beim Ausfüllen dieser Rubrik aber auch daran, dass gewisse Einträge Rückschlüsse darauf zulassen, was Sie erwarten. Wenn Sie als Lieblingsschauspieler Brad Pitt oder Pamela Anderson angeben, wird sich ein Kandidat oder eine Kandidatin vielleicht ein wenig unter Druck gesetzt fühlen. Auch ein Lieblingsfilm wie „9 1/2 Wochen"

lässt gewisse Rückschlüsse zu. Nicht verschweigen sollten Sie Kater Felix, denn Katzenallergiker werden sich mit ihm nur schwer anfreunden können. Und es gibt Frauen, die das Wohnzimmer nicht gerne mit einer Python teilen.

2

Der Freitext

Auch bei Online-Kontaktbörsen und -Partnervermittlungen, die mit einem festen Profil arbeiten, haben Sie am Ende meist die Möglichkeit, noch einen kurzen freien Text zu verfassen, der in der Regel nicht mehr als 800 Zeichen umfassen darf. Persönliche Angaben und Informationen zu Hobbys können Sie sich sparen, denn diese sind ja bereits abgehandelt. Schreiben Sie lieber etwas, das mehr über Sie als Person aussagt wie die allgemeinen Multiple-Choice-Fragen und mit dem Sie sich von der Masse der anderen Profile abgrenzen können. Beschreiben Sie zum Beispiel, wie Ihr ideales Wochenende aussieht oder was Sie tun würden, wenn Sie zaubern könnten. Dies zeigt, was Ihnen als Mensch wichtig ist und kann so die Neugier eines potenziellen Partners oder einer Partnerin wecken. Formulieren Sie diese Texte immer positiv und meckern Sie nicht am anderen Geschlecht herum.

Neugier wecken

Das Foto

Sie kennen das alte Sprichwort: „Ein Bild sagt mehr als tausend Worte." Nicht nur deshalb gehört bei einem On-line-Profil ein Foto unbedingt dazu. Vielen Menschen ist es unangenehm, gleich ein Bild von sich ins Netz zu stellen – man weiß schließlich nie, wer dies zu Gesicht bekommt –, doch führt meist kein Weg daran vorbei. Ein Profil kann noch so witzig und ansprechend formuliert sein, wenn kein Bild dabei ist, fällt die Zahl der Zuschriften sehr viel geringer aus.

Welches Foto ist das beste?

Überlegen Sie ganz genau, welches Bild Sie ins Internet setzen. Mit Ihrem Foto präsentieren Sie sich den anderen Nutzern und Nutzerinnen des Online-Portals und legen so fest, welchen ersten Eindruck diese von Ihnen haben. Überlegen Sie: Wer sind Sie und was ist typisch für Sie?

Was ist Ihnen an Ihrem zukünftigen Partner oder Ihrer Partnerin wichtig? Suchen Sie einen Menschen, der ein bestimmtes Hobby mit Ihnen teilt, zum Beispiel Skifahren oder Reisen? Dann können Sie mit einem Bild aus dem letzten Skiurlaub oder mit der Golden-Gate-Bridge im Hintergrund schon einmal gezielt die Aufmerksamkeit solcher Personen auf sich lenken.

Foto und Profil stimmig halten

Achten Sie auch darauf, dass Ihr Foto zu den anderen Angaben in Ihrem Profil passt. Wenn Sie sich zum Beispiel als erfolgreiche Karrierefrau darstellen, passt ein Urlaubsbild nur schlecht. Und der sportbegeisterte Junggeselle widerspricht seinen eigenen Angaben, wenn ihn sein Foto beim Faulenzen auf der Couch zeigt. Und natürlich sollte das Bild zu Ihrer Persönlichkeit passen. Wenn Sie sich als Mann als Naturbursche beschreiben, stellt ein Bild im Anzug nicht unbedingt dar, wer Sie sind – auch wenn Sie darin vielleicht gut aussehen. Außerdem weckt es bei den Betrachterinnen falsche Erwartungen. Bevor es dann später zu Enttäuschungen kommt, sollten Sie lieber von Anfang an mit offenen Karten spielen.

Aktuelle Bilder

Noch etwas sollte das Foto sein: aktuell oder zumindest nicht älter als ein halbes Jahr. Gut, vielleicht sind Sie momentan nicht ganz so durchtrainiert, wie Sie gerne sein möchten, oder haben in letzter Zeit ein paar Pölsterchen bekommen. Aber ein Bild aus besseren, jüngeren und fitteren Zeiten zu verwenden, täuscht nur den potenziellen Partner oder die Partnerin, und bei einem späteren Date könnten diese ein wenig befremdet sein, wenn statt des flotten Mittdreißigers plötzlich ein etwas rundlicher Vierziger auftaucht. Seien Sie von Anfang an ehrlich, so vermeiden Sie nicht nur Enttäuschungen bei anderen, sondern auch bei sich selbst (dann nämlich, wenn der andere von Ihrem „wahren" Selbst plötzlich nichts mehr wissen will). Doch vielleicht haben Sie ein Foto, das Sie so zeigt, wie Sie

2

sind, aber leider schon etwas älter ist? Dieses Bild können Sie in einer Fotogalerie (···⟩ Seite 69) einsetzen. Schreiben Sie dann dazu: „Dieses Foto zeigt mich 2002 in Sydney", denn so erfahren die anderen, dass das Bild nicht mehr ganz aktuell ist.

Vielleicht denken Sie sich als Frau, dass Männer nun einmal auf optische Reize am besten anspringen. Oder Sie sind als Mann stolz auf Ihren durchtrainierten Oberkörper. Warum dann also nicht etwas freizügiger auf den Fotos erscheinen? Doch auch im Internet ist weniger nicht immer mehr und allzu aufreizende Fotos wirken auf viele Nutzer und Nutzerinnen billig. Vor allem Frauen bekommen oft eindeutige Zuschriften, wenn sie sich in Dessous oder im Bikini präsentieren. Und auch Männer werden leider oft nach dem Stereotyp „viel Muskeln, wenig Hirn" beurteilt. Wer nicht nur ein schnelles Abenteuer, sondern eine Liebe mit Zukunftsperspektive sucht, sollte daher auf dem Foto nicht zu viel Haut zeigen. Als guter Grundsatz gilt: Zeigen Sie auf einem Bild nicht mehr von sich, als Sie beispielsweise bei einem ersten Date in einem Café präsentieren würden.

> **Wenn Sie im Internet auf sehr gut gemachte erotische Fotos stoßen, steckt dahinter oft ein professioneller Sexanbieter. Eindeutige Hinweise sind eine 0900er-Nummer oder eine Internet-Adresse neben dem Bild.**

Und noch etwas sollten Sie beachten: Auch im Internet gilt der Jugendschutz und so dürfen auf Seiten, die für Jugendliche unter 18 Jahren zugänglich sind, keine pornografischen Darstellungen zu finden sein. Und die Definition von Pornografie ist strenger, als Sie denken... Das gilt übrigens nicht nur für die Bilder, die Sie in eine Online-Kontaktbörse setzen, sondern auch für Links, die von der

Kontaktbörse zu Ihrer privaten Homepage führen. Für Sie konkret bedeutet dies: Wenn der Anbieter der Kontaktbörse bei Ihrer Anmeldung nicht überprüft hat, ob Sie volljährig sind, dürfen Sie keine pornografischen Bilder veröffentlichen oder auf diese verlinken. Zur Überprüfung der Volljährigkeit genügt nicht die bloße Angabe des Geburtsdatums, sondern es muss zum Beispiel eine Kopie Ihres Personalausweises vorliegen.

Überprüfung der Volljährigkeit

Urlaubsschnappschuss oder Profi-Bild? Wie professionell das Bild ist, das Sie von sich ins Internet stellen, hängt ganz davon ab, bei welchem Anbieter Sie sich präsentieren. Bei den meisten Online-Kontaktbörsen müssen die Bilder nicht unbedingt professionell sein. Hier ist es wichtiger, dass das Foto einen guten Eindruck von Ihrer Persönlichkeit gibt – und das kann ein Schnappschuss oft hervorragend. Je seriöser Sie sich jedoch präsentieren wollen, desto professioneller sollte auch Ihr Foto ausfallen. Gerade bei Porträtfotos macht es einen erheblichen Unterschied, ob Sie von einem Laien oder einem professionellen Studio abgelichtet werden. Ein Fotograf hat ein Auge für Details wie den passenden Hintergrund und kann Sie optimal in Szene setzen oder ausleuchten. So können Sie sich von Ihrer Schokoladenseite präsentieren!

Auch wenn Sie vom Fotostudio ein Bild als Bilddatei auf einer CD oder Diskette mitbekommen, bedeutet dies noch lange nicht, dass Sie dieses Foto auch ins Internet stellen dürfen. Dies wäre nämlich eine Veröffentlichung und somit greift das Urheberrecht des Fotografen oder der Fotografin. Fragen Sie daher im Fotostudio genau, was Sie mit dem Bild machen dürfen und ob bei einer Veröffentlichung im Internet unter Umständen Honoraransprüche fällig werden.

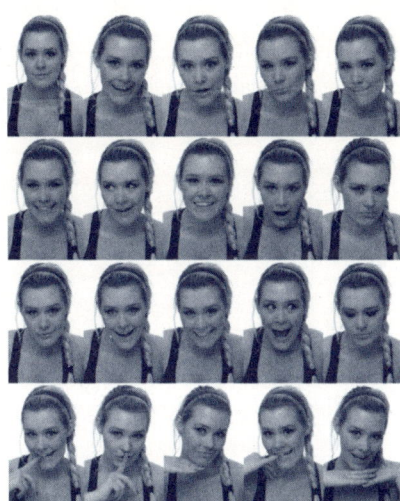

Manche Online-Portale bieten die Option einer Fotogalerie an, bei der Sie bis zu 25 Fotos ins Netz stellen können. Diese Möglichkeit können Sie nutzen, um die vielen verschiedenen Facetten Ihrer Persönlichkeit zu präsentieren. Hier steht zum Beispiel ein Schnappschuss aus dem letzten Urlaub neben einem Foto mit Ihnen im Kreis Ihrer Freunde oder neben einem Bild, das Sie als Kind zeigt. Vielleicht möchten Sie eine Detailaufnahme vom Tattoo an Ihrem Oberarm anfertigen oder Ihren treuen Vierbeiner vorstellen? Überlegen Sie auch hier genau, welche Details Sie von sich preisgeben möchten und wie diese Bilder auf potenzielle Partner oder Partnerinnen wirken könnten.

Fotogalerie

Technische Hinweise

Heutzutage hat fast jeder eine Digitalkamera, mit der sich Bilder sehr leicht ins Internet stellen oder per E-Mail verschicken lassen. Bilddateien sollten stets als .jpeg- oder .gif-Dateien hochgeladen oder versendet werden, denn diese gängigen Formate lassen sich von so gut wie allen Computernutzern und -nutzerinnen öffnen. Außerdem sollten die Bilder nicht größer als 50 bis 100 KB sein, denn nicht alle haben DSL und größere Bilder benötigen oft sehr lange Ladezeiten.

Formate für Bilddateien

Bildgröße

Auf den Internetseiten der Kontaktbörsen und Partnervermittlungen finden Sie meist genaue Hinweise, wie die Bilder beschaffen sein sollten. In der Regel sollte ihre Größe in etwa 120 × 180 Pixel betragen. Stimmt das Format nicht, so wird es vom Anbieter passend gemacht. Dies kann zur Folge haben, dass Ihr Bild verzerrt oder undeutlich wird. Halten Sie sich daher an die Vorgaben des Anbieters – mit einem Bildbearbeitungsprogramm können Sie die Größe des Fotos selbst anpassen (einige kostenlose Bildbearbeitungsprogramme finden Sie auf Seite 182 aufgelistet).

Fotos, von denen Sie nur Papierabzüge haben, können Sie einscannen. Wenn Sie selbst keinen Scanner haben, so hören Sie sich in Ihrem Bekanntenkreis um – sicherlich kann die eine oder der andere helfen. Falls alle Stricke reißen, bieten auch viele Copy-Shops oder Fotogeschäfte diesen Service an. Bei vielen Online-Kontaktbörsen und -Partnervermittlungen können Sie Ihre Fotos ebenfalls scannen lassen. Dazu müssen Sie diese per Post an den jeweiligen Anbieter schicken. Erkundigen Sie sich jedoch vorab nach den Kosten für diesen Service, da bis zu 5 Euro pro Bild anfallen können.

Bildbearbeitungsprogramme

Entspricht ein Bild nicht ganz Ihren Wünschen oder wollen Sie an dem Bild etwas verändern oder nur einen Ausschnitt verwenden, so können Sie es mit einem Bildbearbeitungsprogramm bearbeiten. Wenn Sie eine Digitalkamera haben, ist in der Software meist ein solches Programm enthalten. Machen Sie sich mit dem Programm vertraut. Sie können auf diese Weise leicht Bilder aufhellen, Kontraste verschärfen oder einen einzelnen Ausschnitt aus einem Foto wählen. Auch die Größe und den Umfang der Bilddatei können Sie mit diesen Programmen verändern. Mit dem Programm „Paint" von Microsoft lassen sich Fotos ebenfalls bearbeiten und verändern.

2

Bilddateien, die Sie auf Ihrem Computer gespeichert haben, tragen meistens einen Namen. Bei manchen Online-Portalen erscheint der Dateiname dann auch online. Achten Sie also darauf, dass dieser Dateiname keine persönlichen Informationen über Sie preisgibt, zum Beispiel Ihren kompletten Vor- und Nachnamen, wenn Sie im Internet nur unter einem Nickname auftreten. Stattdessen sollten Sie die Datei umbenennen und sie zum Beispiel nach Ihrem Nickname oder ganz neutral „Das bin ich", „Bild von mir" oder „Mein Foto" nennen.

Das Suchprofil

Bei vielen Online-Kontaktbörsen und -Partnervermittlungen ist es mit dem Ausfüllen des eigenen Profils noch nicht getan. Häufig müssen Sie zusätzlich angeben, welche Eigenschaften Ihr Traumpartner oder Ihre Traumpartnerin mitbringen soll, damit die Kontaktbörse eine Auswahl für Sie treffen kann. Wie genau sollten Sie bei diesen Angaben sein? Vor allem Frauen neigen gerne dazu, sich ihren Traummann geradezu zurechtzubasteln. Eine Vielzahl von Kriterien von Größe über Augenfarbe bis hin zu einem

Partner-/ Partnerinprofil erleichtert Auswahl

bestimmten Kleidungsstil spielt dabei eine Rolle. Doch überlegen Sie einmal ernsthaft: Sind alle diese Kriterien wirklich K.O.-Kriterien oder können Sie in dem einen oder anderen Bereich vielleicht etwas flexibel sein? Entscheiden Sie, was Ihnen wirklich wichtig ist und was weniger.

Äußere Details

Das betrifft vor allem die äußeren Details, die Ihnen bei Ihrem zukünftigen Partner oder Ihrer Partnerin wichtig sind, also Dinge wie Größe, Gewicht, Haar- und Augenfarbe oder besondere Merkmale. Falls Sie in dem einen oder anderen Bereich, wie zum Beispiel Haar- oder Augenfarbe, flexibel sind, machen Sie dazu am besten gar keine Angabe. In der Regel gibt es hier ein Feld, in das Sie selbst noch etwas hineinschreiben können. So können Sie zum Beispiel erwähnen, dass Sie nicht unbedingt auf männliches Brusthaar stehen oder keine spindeldürren Frauen mögen – das ist deutlicher als eine Gewichtsangabe.

Darauf folgen Angaben zu Hobbys und Interessen, wie Sport, Reisen, Filme und Musik, Politik sowie die Fragen nach Genussmitteln, sprich Alkohol, Nikotin und Drogen. Überlegen Sie hier wiederum, wie wichtig Ihnen die einzelnen Bereiche sind. Wollen Sie einen Menschen, der zu einhundert Prozent die gleichen Interessen hat wie Sie? Oder stört es Sie nicht, wenn er oder sie Ihre Leidenschaft für Bollywood-Filme nicht teilen kann? Deutlich sollten Sie allerdings werden, wenn Sie absolut gegen Rauchen, Alkohol oder Drogen sind – so ersparen Sie sich Enttäuschungen und Streitereien.

Zu guter Letzt gibt es auch beim Suchprofil in der Regel ein Feld, in dem Sie selbst noch ein wenig Text eingeben können (⋯⋗ Seite 65). Hier können Sie noch einmal konkret sagen, was Sie sich in einer Partnerschaft wünschen und welche Eigenschaften Ihr Partner oder Ihre Partnerin ganz bestimmt nicht mitbringen sollte.

Sicherheit im Netz und am Telefon

Beim Flirten im Internet – und zu einem gewissen Grad auch bei einer Kontaktanzeige – haben Sie den großen Nachteil, dass Sie nie sicher wissen können, wer sich hinter einer E-Mail-Adresse oder einer Chiffre-Nummer verbirgt. Wenn Sie einen Menschen in einem Café oder einer Bar kennen lernen, kann Ihnen dieser zwar auch allen möglichen Unsinn erzählen, aber zumindest gibt es Menschen, die Ihr Treffen beobachten und Ihnen helfen können, falls Sie bedrängt werden.

In der Freiheit des Internets ist jedoch alles möglich. Wer weiß schon, ob der nette E-Mail-Flirt nicht in Wirklichkeit ein verheirateter Vater auf Frauenfang ist? Und Sie wissen nicht einmal, wie er aussieht und wie er wirklich heißt … Besonders Frauen haben beim Online-Dating oft Angst um ihre Sicherheit. Und Schlagzeilen wie „Sie fand ihren Mörder im Internet" tragen nicht gerade zur Beruhigung bei. Dazu sei gesagt: Hundertprozentige Sicherheit gibt es nicht – weder im Internet noch bei einer Kontaktanzeige, ja nicht einmal bei einem Kennenlernen im Freundes- oder Bekanntenkreis. Doch Sie können viel dazu beitragen, um Ihre Sicherheit zu erhöhen. Was das ist, erfahren Sie im Folgenden.

Bei der Partnersuche über eine klassische Kontaktanzeige scheuen sich viele Frauen, auf eine Anzeige zu antworten – vor allem dann, wenn sie unter Chiffre aufgegeben wurde. Doch was tun, wenn Sie die Annonce wirklich anspricht? Sie brauchen in Ihrer ersten Antwort noch nicht einmal Ihren ganzen Namen und Ihre Adresse anzugeben. Unterschreiben Sie nur mit Ihrem Vornamen und geben Sie dazu Ihren Wohnort an, denn dies kann ein wichtiges Kriterium sein, ob der Inserent an einem Kontakt interessiert ist. Hier genügt eine vage Angabe wie zum Beispiel „Raum

Nur den Vornamen nennen

Nürnberg". Doch wie soll der Inserent nun mit Ihnen Kontakt aufnehmen? Geben Sie ihm eine E-Mail-Adresse, denn auch wenn ein Mensch über eine Zeitung oder Zeitschrift nach einem Partner sucht, heißt das noch lange nicht, dass er oder sie keinen Internetzugang hat. Und auch eine Telefonnummer können Sie angeben – nämlich die Ihres Handys oder noch besser: die Ihres Zweithandys, das Sie sich extra für die Partnersuche zugelegt haben (···⋗ Seite 76).

Vielen Frauen ist es allerdings lieber, selbst eine Annonce aufzugeben, als auf die Anzeigen von Männern zu antworten. Warum auch nicht? So haben Sie die Auswahl, können Nieten und Blindgänger von vornherein aussortieren und nur auf diejenigen Zuschriften antworten, die Sie wirklich interessieren. Am sichersten ist es, diese Anzeige unter Chiffre aufzugeben, denn so kennt nur die Zeitung oder Zeitschrift Ihren Namen und Ihre Adresse. Die Menschen, die sich auf Ihre Anzeige melden, werden Ihnen verschiedene Möglichkeiten anbieten, um mit ihnen in Kontakt zu treten – entscheiden Sie sich auch hier zunächst für die sichersten, nämlich E-Mail oder Handy. Wann es so weit ist, dass Sie Ihre Adresse und Ihre richtige Telefonnummer herausrücken können, ist nicht pauschal zu sagen. Hören Sie hier auf Ihr Bauchgefühl: Ab wann ist jemand für Sie wirklich vertrauenswürdig?

Sicher und unerkannt am Telefon

Bei Kontaktanzeigen im Internet sollten Sie keinesfalls Ihre Adresse oder Telefonnummer angeben, denn es muss niemand wissen, wo Sie wohnen und ob Sie dort alleine leben. Kommunizieren Sie auch hier zunächst nur per

2

E-Mail oder (Zweit-)Handy und geben Sie Ihre persönlichen Daten erst bei länger bestehendem Kontakt heraus. Gespräche über das Handy sind zwar sicher, aber immer noch teuer, vor allem wenn Sie über eine Prepaidkarte – die beste Möglichkeit, um anonym zu bleiben – telefonieren. Was spricht also gegen das Festnetz? Wenn Sie Kosten sparen und mit Ihrem Flirtpartner oder Ihrer Flirtpartnerin lieber über das Festnetz sprechen wollen, so bitten Sie ihn oder sie um die Rufnummer und rufen Sie an. Ihre eigene Nummer kann ruhig noch ein wenig geheim bleiben. Das ist allerdings heute nicht mehr ganz einfach, denn dank DSL erscheint meist Ihre Rufnummer im Telefondisplay des oder der Angerufenen. Wer die eigene Rufnummer unterdrücken will, muss dies entweder am Telefon oder Router einstellen oder beim jeweiligen Telefonanbieter beantragen. Wer die Rufnummer übermittelt, sollte sie zumindest beim Telefonanbieter für die sogenannte Inverssuche sperren lassen. Dann kann nämlich niemand bei der Telefonauskunft anrufen und über Ihre Rufnummer Ihren gesamten Namen und Ihre Adresse herausfinden.

Ihre Spuren im Internet

Sind Sie Vorsitzende eines Vereins? Oder Freiberufler und haben deshalb Ihre eigene Website? Sind Sie in Internet-Communitys zugange? Immer mehr Menschen hinterlassen heute Spuren im Internet und machen auf diese Weise eine Vielzahl von privaten Informationen öffentlich. So muss man zum Beispiel nur Ihren Namen in eine Suchmaschine wie „Google" eintippen (vorausgesetzt, Sie heißen nicht gerade Peter Müller) und kann eine ganze Menge über Sie erfahren – unter Umständen sogar Ihre gesamte Anschrift und Telefonnummer, wenn Sie zum Beispiel Ihre eigene Website haben. Machen Sie also einen Test, bevor Sie an den Start gehen: Welche Daten sind über Sie im Internet leicht und unkompliziert zu finden?

Eigener Überblick über persönliche Daten im Internet

Die E-Mail-Adresse

Legen Sie sich für Ihre Online-Flirt-Aktivitäten eine neue E-Mail-Adresse zu, die Sie nur zu diesem Zweck verwenden. Diese E-Mail-Adresse sollte sonst nirgendwo im Internet auftauchen, so dass man über sie nicht an Ihre persönlichen Daten gelangen kann. Eine separate E-Mail-Adresse hat zusätzlich den Vorteil, dass Sie Ihre Flirtaktivitäten von Ihrem sonstigen, vielleicht sogar beruflichen E-Mail-Verkehr getrennt halten und eingehende Mails sofort problemlos zuordnen können.

Separate Adressen anlegen

Das Zweithandy

Wer viel auf Online-Dating-Seiten unterwegs ist, sollte sich für seine Flirtaktivitäten am besten ein Zweithandy zulegen. Hier empfiehlt sich ein Handy mit Prepaidkarte, für die es keine vertragliche Bindung oder Mindestlaufzeit gibt. Wenn Sie das Handy dann nicht mehr benötigen, können Sie es einfach abschalten und haben keine weiteren Kosten. Ein eigenes Flirt-Handy hat zudem den Vorteil, dass es Ihren normalen Telefonverkehr nicht beeinträchtigt und Sie so zum Beispiel im Berufsleben nicht von hartnäckigen Verehrern belästigt werden. Sie schalten es ein, wann Sie wollen, und haben ansonsten Ihre Ruhe. Und wenn Sie die Flirterei wieder beenden oder einen unangenehmen Verehrer loswerden wollen, müssen Sie nicht allen wirklichen Freunden und Geschäftspartnern plötzlich eine neue Handynummer mitteilen. Natürlich müssen Sie beim Kauf eines Prepaid-Handys Ihren Personalausweis vorlegen und dem Handyanbieter Ihre persönlichen Daten mitteilen. Erkundigen Sie sich hier jedoch nach den Datenschutzbestimmungen und lassen Sie auch Ihre Handynummer für die Inverssuche sperren, so dass niemand über Ihre Rufnummer Ihre Adresse herausfinden kann.

Prepaid-Handy für die Partnersuche

2

Schein und Sein

Papier ist geduldig und das Internet ist noch geduldiger. Leider ist in der virtuellen Welt nicht alles so, wie es sich auf dem Bildschirm darstellt. Ganz im Gegenteil: Hier kann getrickst werden, was das Zeug hält. Vor allem für Frauen ist dies ein Grund, der sie nach wie vor dem Online-Dating zurückschrecken lässt. „Hier treiben sich doch nur Perverse herum. Jeder Mann kann ein tolles Foto ins Internet stellen, doch in Wirklichkeit hat er dann Bierbauch und Glatze", mögen sie sich denken. Und tatsächlich: Das kommt vor. Experten gehen davon aus, dass etwa 20 bis 40 Prozent der Nutzer und Nutzerinnen von Online-Dating-Angeboten bewusst falsche Angaben machen.[1] Doch bei den kostenpflichtigen Anbietern sind die meisten Männer ernsthaft auf der Suche nach einer Partnerin und legen daher ein gewisses Maß an Ehrlichkeit an den Tag. Denn spätestens beim ersten Treffen kommt die Wahrheit ja doch ans Licht ...

Ehrlich währt am längsten ...

Nicht nur deshalb ist Ehrlichkeit bei der Partnersuche – egal, ob im Internet oder auf anderem Wege – nur zu empfehlen. Wer dem anderen von Anfang an etwas vorspielt, untergräbt damit eine grundlegende Voraussetzung, um eine glückliche Beziehung zu führen: nämlich dem Partner oder der Partnerin vertrauen zu können. Freilich: Es spricht nichts dagegen, sich zwei Jahre jünger zu machen, wenn man gerade einen runden Geburtstag gefeiert hat. Doch spätestens wenn die Beziehung etwas ernsthafter wird, sollten Sie mit der Wahrheit herausrücken. Sie wollen doch nicht, dass der Bräutigam erst auf dem Standesamt Ihr wahres Geburtsdatum erfährt, oder?

Vertrauen aufbauen

[1] Susanne Billig: *Cyberlove. Auf Partnerfang im Internet.* Deutschlandradio, 12.09.2007

Diese Ehrlichkeit gilt besonders für Fotos: Es nützt überhaupt nichts, das Foto der besten Freundin, eines Supermodels oder ein Bild, auf dem Sie noch weit mehr Haare hatten als heute, ins Netz zu stellen. Wie gesagt: Beim ersten persönlichen Treffen fliegt alles auf. Wollen Sie dann wirklich riskieren, dass der Online-Flirt (zu Recht) sauer auf Sie ist und Sie zurückweist? Das hat nichts mit der Oberflächlichkeit des anderen zu tun, sondern immer auch damit, dass Sie eiskalt gelogen haben.

Ehrliche Fotos

Von Fakes und anderen unangenehmen Zeitgenossen

Die ersten Zuschriften trudeln in Ihrer Mailbox ein, doch die anfängliche Begeisterung weicht schnell der Ernüchterung. Leider treiben sich – vor allem im Internet – viele kommerzielle Sex-Anbieter, Perverse und sonstige Nullnummern herum. Doch neben diesen sind auch viele Menschen im Internet unterwegs, die wirklich auf der Suche nach einer Partnerschaft sind. Legen Sie sich ein dickes Fell zu, ignorieren Sie die unerwünschten Zuschriften und konzentrieren Sie sich auf diejenigen, die das gleiche Ziel verfolgen wie Sie.

Fakes
Ein Fake (englisch für „falsch, gefälscht") ist eine Person, die es nicht gibt. Entweder hat hier jemand bewusst falsche Angaben gemacht und sich beispielsweise um zehn Jahre verjüngt oder eine Person existiert gar nicht. Diese Fakes treiben sich hauptsächlich in kostenlosen Online-Kontaktbörsen herum und möchten sich auf Kosten anderer einen Scherz erlauben. Gerade kleinere Kontaktbörsen stellen aber auch selbst Profile von nicht existenten Personen ins Netz, um auf höhere Mitgliederzahlen zu kommen. Für all diejenigen, die auf einen Fake hereinfal-

len, ist das ein großes Ärgernis, denn sie verschwenden Zeit und Gefühle an jemanden, der es nicht ernst meint. Hier gilt es, die Bilder und Profile mit viel gesundem Menschenverstand zu beurteilen. Und bei näherem E-Mail-Kontakt merkt man häufig, wenn sich eine Person plötzlich in Widersprüche verzettelt oder nur sehr vage Auskünfte gibt. Haben Sie den Verdacht, dass es sich bei Ihrem E-Mail-Kontakt um einen Fake handelt, dann schlagen Sie einmal ein reales Treffen vor. Der Fake wird daran kein Interesse haben, denn dann würde sein Spielchen ja auffliegen!

Wer sich viel in Online-Kontaktbörsen herumtreibt, wird mit der Zeit auch ein Auge dafür entwickeln, welche Fotos oder Profile gefälscht sind. So sind manche Bilder einfach zu schön, um wahr zu sein, oder dasselbe Foto taucht gleich in mehreren Profilen auf. Diese Mitglieder können Sie dann gleich von Anfang an auf Ihre Ignorierliste oder schwarze Liste setzen.

Die Ignorierliste oder schwarze Liste
Viele Online-Kontaktbörsen haben eine Ignorierliste, auf der Sie angeben können, von welchen Mitgliedern Sie keine Post mehr bekommen wollen. Darauf können Sie zum Beispiel Menschen setzen, die Ihnen auf die Nerven fallen und auch nach einer deutlichen Mitteilung nicht akzeptieren, dass Sie nichts von ihnen wissen möchten. Mitglieder mit offensichtlich gefälschten Profilen können Sie ebenfalls von Anfang an auf die schwarze Liste setzen.

Vorsicht vor (Porno-)Abzockern!
Nicht selten kommt es vor, dass Sie eine E-Mail mit einem sexy Foto erhalten und darunter eine Telefonnummer oder einen Link finden, die Sie angeblich zu Ihrer Traumpartnerin führen. Doch das kann schnell teuer werden, vor allem

bei 0900er-Nummern oder teuren SMS-Diensten. Denn hinter einem Link auf eine angeblich private Homepage verbirgt sich oft eine Pornoseite, die sich nicht mehr schließen lässt und Ihnen unter Umständen auch noch einen Trojaner auf den Rechner lädt. So verführerisch das Bild auch sein mag, antworten Sie lieber per E-Mail. Bekommen Sie darauf keine Antwort oder nur wieder denselben Link oder dieselbe Telefonnummer, können Sie sicher sein, dass sich hinter dem Bild keine echte Traumfrau verbirgt, sondern nur jemand, der hinter Ihrem Geld her ist.

E-Mail statt Anruf

Heiratsschwindler und sonstige Gauner

Die unangenehme Spezies der Heiratsschwindler ist noch nicht ausgestorben und treibt sich mittlerweile auch im Internet herum. Sie nutzen dabei ganz gezielt die Tatsache aus, dass viele Menschen glauben, eine Person nach ein paar netten E-Mails bereits zu „kennen" und ihr dann auch vertrauen – obwohl sie eigentlich überhaupt keine Ahnung haben, wer sich hinter einer E-Mail-Adresse verbirgt. So finden sich immer wieder Frauen, die das Geschäft ihres „Brieffreundes" finanziell unterstützen oder Männer, die ihrer Traumfrau Geld für den Flug zu ihnen überweisen – und dann weder Frau noch Geld je wiedersehen. Internet-

kontakte wurden auch schon dazu verwendet, Daten zu klauen oder Einbrüche zu organisieren. Dabei versucht ein E-Mail-Kontakt behutsam, an Ihre persönlichen Informationen zu kommen: Beruf, finanzielle Verhältnisse, Wohnverhältnisse und so weiter. Anschließend verabredet er sich mit Ihnen an einem Ort, der etwas weiter entfernt von Ihrer Wohnung liegt.

2

Dort angekommen, treffen Sie niemanden, doch wenn
Sie wieder nach Hause kommen, ist Ihre Wohnung leer
geräumt. Seien Sie daher vorsichtig, wenn jemand in einer
E-Mail allzu viele Fragen nach Ihren persönlichen Verhältnissen stellt. Ein gewisses Maß an Interesse ist wichtig,
aber Fragen, die Ihnen seltsam vorkommen, sollten Sie
nicht oder nur ausweichend beantworten.

Vorsicht bei angehängten Bildern und Dateien
Erinnern Sie sich noch an den Virus „I love you", der sich
vor einigen Jahren über E-Mails verbreitete und Computer
auf der ganzen Welt lahmlegte? Wer würde eine solche
Mail nicht öffnen – vor allem, weil er oder sie sowieso
gerade im Internet auf Partnersuche ist? Das Heimtücki-
sche an diesem Virus war, dass er sich als Wurm selbst
wieder als E-Mail an alle verschickte, die er im Adressbuch
des betroffenen Nutzers bzw. der Nutzerin fand – und
dabei den Namen des oder der Geschädigten als Absender verwendete. Auch wenn Sie den Absender einer Mail
kennen, ist das noch lange keine Garantie dafür, dass
diese E-Mail auch virenfrei ist. Deshalb sollten Sie immer
eine aktuelle Anti-Viren-Software haben. Anlagen mit der   Anti-Viren-
Endung .exe sollten Sie grundsätzlich nicht öffnen, denn   Software
dahinter verbergen sich häufig Viren oder Trojaner. Auch
eine Firewall ist wichtig, damit niemand in Ihren Computer
eindringen kann.

Pornos, Schmuddelkram & Co.
Leider wird ein großer Teil Ihrer Zuschriften beim Online-
Dating aus eindeutig zweideutigen E-Mails oder pornogra-
fischen Fotos bestehen. Sortieren Sie diese von Anfang   Zweideutiges
an aus. Auch wenn ein Interessent schon in seiner ersten   aussortieren
E-Mail Ihre BH-Größe wissen will oder sich nach Ihrem
schönsten sexuellen Erlebnis erkundigt, sollten Sie diese
Mails lieber gleich in den Papierkorb werfen. So sparen Sie
Energie und Nerven. Vor allem Frauen sind angesichts sol-

cher Erfahrungen oft schockiert und befürchten, dass das Internet nur ein riesiger Spielplatz für Spinner und Perverse aller Art ist. Doch weder als Mann noch als Frau haben Sie irgendetwas falsch gemacht, wenn Sie schlüpfrige Zuschriften bekommen. Es liegt (in den allermeisten Fällen) nicht daran, dass Sie sich in Ihrem Profil unwissentlich falsch dargestellt haben und falsche Signale ausgesendet haben. Die Verfasser von zweideutigen E-Mails oder professionelle Sex-Anbieter schicken ihre Standard-Mails einfach an alle Männer oder Frauen, die sich an diesem Tag neu bei der Kontaktbörse angemeldet haben. Es hat absolut nichts mit Ihnen zu tun – und Sie sind ganz bestimmt nicht „schuld", wenn Sie solche Zuschriften

Absender sperren lassen

erhalten. Lassen Sie den Absender sperren, indem Sie ihn auf Ihre Ignorierliste setzen, und verständigen Sie Ihren Anbieter. Die meisten Kontaktbörsen und Partnervermittlungen sperren diese unangenehmen Zeitgenossen von selbst, doch bei der Fülle der Neuanmeldungen dauert es oft einige Tage, bis sie ihnen auf die Schliche kommen.

Heiratsinstitute nutzen den Frust aus

Wer eine Anzeige in einer Zeitung oder Zeitschrift schaltet, bekommt ebenfalls oft Zuschriften, mit denen er oder sie nicht gerechnet hat: Statt Männern oder Frauen, die ebenfalls auf der Suche nach einer Beziehung sind, melden sich professionelle Partnervermittlungsinstitute. Diese

Unaufgeforderte Zuschriften

spekulieren darauf, dass bei den Zuschriften auf Ihre Anzeige der oder die Richtige nicht dabei war und Sie sich aus Enttäuschung dann an das Institut wenden – schließlich wollen Sie das Geld für die Anzeige ja nicht umsonst ausgegeben haben. Natürlich spricht nichts dagegen, sich an einen professionellen Partnervermittlungsdienst zu wenden. Prüfen Sie diesen aber sorgfältig, bevor Sie einen Vertrag unterschreiben (···⁝ Seite 47 ff.).

2

Ins Netz gegangen ...

Nun ist es passiert: Sie haben seit einiger Zeit Kontakt per E-Mail zu einem netten Mann. Sie verstehen sich gut und die Gespräche werden langsam intimer. Da fragt er Sie, ob er nicht ein Foto von Ihnen haben könne, auf dem ein bisschen mehr zu sehen ist ... Erst zögern Sie noch, doch dann denken Sie sich: „Na gut, ich habe eigentlich nichts zu verbergen. Und wenn wir uns erst mal richtig kennen lernen, sieht er ja sowieso alles." Und schon haben Sie das Foto abgeschickt. Doch Vorsicht! Überlegen Sie gut, wem Sie freizügige Fotos von sich geben wollen. Nicht selten sind diese Bilder schon für Pornoseiten verwendet worden. Und es kommt leider immer öfter vor, dass enttäuschte oder abgeblitzte Verehrer Nacktfotos ihrer Verflossenen ins Internet stellen – mit der Handynummer und eindeutigen Aufforderungen wie „Ruf mich an!" daneben. Die Frauen wundern sich dann, warum sie plötzlich anzügliche Anrufe erhalten ... Dies ist natürlich strafbar, doch es dauert einige Zeit, bis der Urheber ausfindig gemacht und das Foto wieder aus dem Netz genommen wird, wenn es in der Zwischenzeit nicht kopiert und gestreut ist. Und während dieser Zeit sind Sie für alle Welt zu sehen – so nackt, wie Gott Sie schuf. Überlegen Sie daher gut, ob Sie wirklich freizügige Fotos von sich an (noch) Unbekannte herausgeben möchten. Dafür ist auch später noch Zeit.

Freizügige Fotos sind riskant

Weitere Informationen, wie Sie sich beim Online-Dating vor unerwünschten Angriffen oder Belästigungen schützen können, erhalten Sie auf der Website www.saferdating.de.

Das erste reale Date

Egal, ob Sie eine Anzeige aufgegeben, sich an ein Partnervermittlungsinstitut gewendet oder Ihr Glück im Internet
gesucht haben: Vielleicht war ja die eine oder andere
Zuschrift dabei, die Ihr Interesse geweckt hat. Sie haben
eine Weile hin- und hergemailt oder auch telefoniert und
merken, dass nun der Zeitpunkt gekommen ist, an dem Sie
Ihre neue Bekanntschaft gerne persönlich kennen lernen
möchten. Es wird Zeit für das erste „echte" Date ...

Lieber früher
als zu spät

Eines vorneweg: Zögern Sie das erste Date nicht zu lange
hinaus. Denn viele neigen dazu, sich ein etwas unrealisti-
sches Bild zurechtzubauen, das durch E-Mails und SMS
sehr lange aufrechterhalten wird. Doch beim ersten Treffen folgt dann die Enttäuschung, weil die Chemie nicht
stimmt. Jede und jeder weiß, wie wichtig der persönliche
Kontakt ist, denn nur da kann der berühmte Funke über-
springen. Man kann sich noch so gut per E-Mail oder Telefon verstehen, aber wenn der oder die andere dann leib-
haftig da steht, spielen so viele andere Faktoren eine
Rolle: der Geruch, die Art, sich zu bewegen, das Funkeln in
den Augen und so weiter und so fort. Es knistert zwischen
zwei Menschen – oder eben auch nicht. Warten Sie also
nicht zu lange mit dem ersten Treffen, bevor Sie sich
unsterblich verlieben.

Ein reales Treffen ist wichtig,
denn von ihm hängt zu einem
wesentlichen Teil ab, ob und
wie es mit der Beziehung wei-
tergeht. Es ist aber auch eine
ganz und gar unnatürliche
Situation, denn hier begegnen
sich zwei Menschen zum
ersten Mal, aber nicht unge-

zwungen und ohne Hintergedanken, wie wir das im Alltag beinahe jeden Tag erleben, sondern allein mit der Absicht, herauszufinden, ob sie zusammenpassen und vielleicht eine gemeinsame Zukunft haben. Beide stehen also unter einem immensen Druck und wollen sich von ihrer besten Seite präsentieren. Und laufen dann Gefahr, das erste Date völlig zu überfrachten und vor lauter Aufregung überhaupt nichts mehr wahrzunehmen. Oder sich total zu verkrampfen und kein Wort mehr herauszubringen.

Der richtige Ort

Sie haben sich also entschieden, sich mit einer Bekanntschaft zu verabreden. Und natürlich werden Sie sofort von hunderttausend Fragen bedrängt: Wo treffen wir uns? Erkennen wir uns? Was ziehe ich an? Was tun, wenn er oder sie nicht das ist, was ich mir vorgestellt habe? Vergessen Sie nicht, dass die Person, die Sie nun treffen, Ihnen immer noch unbekannt ist, Sie wissen im Prinzip nichts über sie. Deshalb sollte ein erstes Treffen immer in der Öffentlichkeit und auf gar keinen Fall in Ihrer Wohnung stattfinden. Auch nicht in der Wohnung des oder der anderen – eine vermeintliche Adresse bedeutet noch lange nicht, dass die Identität Ihrer Bekanntschaft zweifelsfrei feststeht. Wählen Sie für Ihr erstes Treffen also immer einen Ort, an dem Sie nicht alleine sind. Ganz praktisch ist es natürlich, wenn Sie den Ort Ihres Treffens auswählen. Dann können Sie sich für ein Café entscheiden, das Sie kennen und in dem man Sie kennt. So wissen Sie nicht nur, was Sie dort erwartet und wie Sie sich passend anziehen, sondern man wird Sie dort auch im Auge haben. Dies hat jedoch auch einen Nachteil: Wenn Sie Ihr Blind Date nämlich nicht wiedersehen wollen, dieses jedoch anders denkt, weiß er oder sie genau, wo Sie zu finden sind. Unter Umständen müssen Sie dann eine ganze Weile auf Ihr Lieblingscafé verzichten.

Öffentlichkeit
statt Wohnung

Wenn Sie sich für ein Café, Bistro oder eine Hotellobby entscheiden, so sollte der Ort leicht erreichbar und nicht zu laut sein, damit Sie sich wirklich unterhalten können. Für kulturell Interessierte kann ein Date auch in einer Ausstellung oder einem Museum stattfinden. Wenn Sie und Ihr Blind Date die gleiche Sportart mögen, so spricht nichts dagegen, sich zum Joggen, Radfahren oder Golfen zu verabreden. Oder wie wäre es mit einem Spaziergang im Park, im botanischen Garten oder im Zoo, falls das Wetter mitspielt?

Fürs Erste reicht eine Stunde Übrigens: Länger als eine Stunde sollte das erste reale Date nicht dauern, denn das reicht, um sich gegenseitig zu beschnuppern – und mehr soll ein erstes Date ja nicht sein. Deshalb ist ein Treffen im Café immer besser als ein Treffen zum Abendessen, denn hier können Sie sich relativ schnell wieder verabschieden, wenn der oder die andere nicht Ihren Wünschen entspricht. Auch ein Date zum Mittagessen lässt sich zeitlich gut begrenzen, wenn Sie danach wieder an Ihre Arbeitsplätze zurückkehren müssen. Und wenn der Blitz schon beim ersten Date einschlägt, spricht ja nichts dagegen, es zeitlich noch ein wenig auszudehnen …

Weihen Sie eine Person Ihres Vertrauens ein

Vor allem Frauen sollten eine gute Freundin einweihen und ihr sagen, wo und wann sie sich mit einem bestimmten Verehrer treffen. Dann wissen Sie, dass sich jemand Sorgen um Sie macht, wenn Sie sich danach nicht melden. Ganz Raffinierte verabreden auch Handyanrufe nach einer halben Stunde, um die Lage zu sondieren. Da man ein Handy beim Date aber eigentlich nicht eingeschaltet lassen sollte, sollten Sie sich zum Telefonieren lieber auf die Toilette zurückziehen.

Was soll ich nur anziehen?

Das Problem ist altbekannt: Der Kleiderschrank quillt über, aber trotzdem haben Sie nichts anzuziehen. Vor einem Date quält die Frage nach der passenden Kleidung ganz besonders, denn schließlich wollen Sie sich von Ihrer besten Seite zeigen. Was also anziehen? Wichtig ist vor allem, dass Sie sich in Ihrer Kleidung wohl fühlen, denn Sie sind vermutlich sowieso schon nervös genug. Wenn Sie beim Date auch noch ständig mit Ihrer Kleidung beschäftigt sind, trägt dies nicht gerade zu Ihrer Gelassenheit bei. Und natürlich sollte die Kleidung auch Ihrem Typ entsprechen. Schlampig oder nachlässig sollten Sie sich allerdings nicht kleiden: locker, aber gepflegt – so lautet hier die Devise. Für Frauen gilt zusätzlich: Übertrieben sexy ist nicht angebracht. Dies weckt zwar das Interesse, doch senden Sie dabei unter Umständen die falschen Signale, wenn Sie auf der Suche nach einer dauerhaften Beziehung und nicht nur nach einem sexuellen Abenteuer sind.

Locker, aber gepflegt

Die passenden Gesprächsthemen

Aus E-Mails und Telefonaten kennen Sie den oder die andere schon ein wenig, also dürfte es Ihnen nicht allzu schwer fallen, ein Gespräch in Gang zu bringen. Knüpfen Sie an etwas an, das in der letzten Mail Thema war. Fragen Sie nach, lassen Sie sich das Ganze noch einmal genauer erzählen oder steuern Sie eine ähnliche Geschichte bei. Darüber hinaus können Sie auch auf allgemeine beliebte Smalltalk-Themen zurückgreifen.

2

Gute Gesprächsthemen für das erste Date:

• Bücher, Kinofilme & Co.

• Beruf

• Reisen und Urlaub

• Hobbys

Tabuthemen beim ersten Date:

• Krankheiten

• Therapieerfahrungen

• Scheidungen und gescheiterte Beziehungen

• Unterhaltsstreitigkeiten

• berufliche Probleme

• finanzielle Probleme

Bleiben Sie auf dem Boden!

Das erste reale Date ist noch kein Heiratsversprechen. Auch wenn Sie schon eine Zeit lang per E-Mail kommuniziert haben und sich schon ein wenig zu kennen glauben, dient der erste Kontakt von Angesicht zu Angesicht noch einmal einem Kennenlernen. Hier ist nicht der richtige Zeitpunkt, um herauszufinden, ob der oder die andere Kinder haben will, Heiratspläne hegt oder ob es in der Familie irgendwelche Erbkrankheiten gibt. Auch die gesamte Beziehungsvergangenheit sollte jetzt nicht ausgebreitet werden. Halten Sie sich lieber an Themen, die schon bekannt sind, die Sie im Vorfeld ausgetauscht haben (Hobby, Job, Urlaub). Sie können besser Sein und Schein

Konkrete Anknüpfungspunkte nutzen

in Verbindung bringen, wenn Sie die Persönlichkeit dazu jetzt live erleben, als mit neuen Themen. Darüber hinaus erfahren Sie beim Small Talk eine ganze Menge über Ihr Gegenüber: Kann diese Person gut zuhören oder redet sie die ganze Zeit nur über sich? Geht sie auf die Dinge ein, die Sie sagen, werden Ihnen Fragen gestellt oder scheint sie an Ihrer Persönlichkeit nicht interessiert? Können Sie gut mit diesem Menschen reden oder müssen Sie ihm jedes Wort aus der Nase ziehen? Geht es immer wieder um die gleichen Themen oder erhalten Sie ständig anzügliche Bemerkungen? Wie verhält er oder sie sich gegenüber der Bedienung im Café? Lassen Sie hier Ihre Beobachtungsgabe spielen – auch wenn dies bei aller Nervosität leichter gesagt als getan ist.

Beobachten und Infos sammeln

Und noch etwas: Anders als in den USA, in denen es eine Dating-Kultur mit genauen Regeln gibt, ist in Deutschland ein erstes Date mit keinerlei Versprechungen verbunden. Ein Mann, der Erwartungen an Sie stellt, nur weil Sie gerade mit ihm einen Kaffee getrunken haben, hat gar keinen Grund, sich enttäuscht zu zeigen, wenn Sie seine Erwartungen nicht erfüllen – und umgekehrt genauso.

Wie es weitergeht

Das erste Date ist gelaufen – nun kann es weitergehen. Aber wie? Das hängt natürlich vom Ausgang des Dates ab, denn hier gibt es genau drei Möglichkeiten:

3 Möglichkeiten

– gegenseitige Sympathie
– Sie finden Ihr Gegenüber sympathisch, doch er oder sie erwidert Ihre Sympathie nicht.
– Sie finden Ihr Gegenüber unsympathisch, doch er oder sie sieht das anders.

Welche Möglichkeiten haben Sie nun?

Gegenseitige Sympathie

Gehen wir zunächst einmal vom angenehmsten Ergebnis des ersten Dates aus: Sie beide finden sich gegenseitig sympathisch und würden sich gerne wiedersehen. Vielleicht ergibt sich am Ende des Treffens ja schon die Möglichkeit, dies ins Gespräch zu bringen: „Das war ein wirklich schöner Nachmittag, so etwas sollten wir wiederholen." Und so kann das erste Date schon mit einer Verabredung für das nächste enden ...

Häufig geht nach dem ersten Date aber auch das große Warten los. Warten Sie nicht stundenlang vor dem Telefon und überprüfen Sie auch nicht ständig, ob eine SMS gekommen ist. Leben Sie Ihr Leben wie gewohnt weiter. Es gibt keine strengen Regeln, wer wen nach wie viel Tagen anrufen sollte. Gesagt sei an dieser Stelle nur eines: Nach einem erfolgreichen ersten Date, bei dem sich beide sympathisch gefunden haben und sich gerne wiedersehen würden, geht es weiter wie nach einem ganz „normalen" Date – es spielt nun keine Rolle mehr, wie der erste Kontakt zustande gekommen ist.

2

Sie finden den anderen sympathisch, doch er oder sie meldet sich nicht mehr

In Ihren Augen lief das Date ganz hervorragend, der oder die andere war Ihnen sympathisch und schien auch Ihnen gegenüber nicht abgeneigt zu sein. Doch nun meldet er oder sie sich nicht mehr und Ihre weiteren Kontaktversuche bleiben unbeantwortet. Vor allem Frauen sind wahre Meisterinnen darin, Ausreden zu erfinden, warum er sich gerade jetzt nicht melden kann: Er macht Überstunden, sein Akku ist leer, seine Mutter krank oder er musste überraschend auf eine Geschäftsreise und hat Ihre Handynummer zu Hause vergessen. Tatsache ist: Wenn sich ein Mann nach drei Tagen nicht meldet oder eine Frau auf Ihre E-Mails nicht reagiert, so hat er oder sie schlicht und einfach kein Interesse an Ihnen. Verschwenden Sie Ihre Zeit nicht mit Grübeln und Überlegen, sondern akzeptieren Sie dies und widmen Sie sich dem nächsten potenziellen Kandidaten bzw. der nächsten Kandidatin.

Versuchen Sie auch nicht, den anderen zu weiteren Treffen zu überreden – so nach dem Motto: „Wir kennen uns ja noch gar nicht richtig, wir brauchen einfach mehr Zeit." Beobachten Sie die Reaktionen des oder der anderen lieber genau. Reagiert die Person sehr zurückhaltend auf Ihre Vorschläge, so ist er oder sie nicht an Ihnen interessiert.

Entscheidung akzeptieren

Es kann vorkommen, dass Ihr Gegenüber tatsächlich zu schüchtern ist, um den großen Schritt auf Sie zuzumachen. Haben Sie diesen Verdacht, so können Sie mit einer kurzen E-Mail nachhaken: „Unser Treffen hat mir viel Spaß gemacht und ich würde Dich gerne besser kennen lernen. Wenn es Dir genauso geht, so melde Dich doch bei mir." Wenn darauf keine Antwort kommt, sollten Sie den Kandidaten oder die Kandidatin lieber abhaken. Versuchen Sie jedoch nicht, ihn oder sie mit einer anzüglichen oder erotischen E-Mail oder SMS aus der vermeintlichen Reserve zu locken. Schüchterne Menschen verschrecken Sie damit wirklich und von sich selbst vermitteln Sie so vermutlich auch ein falsches Bild.

Sie wollen den anderen / die andere nicht wiedersehen ...

... doch er oder sie sieht es leider anders. Nach dem ersten Date sind Sie sicher: Die Person, mit der Sie gerade Kaffee trinken waren, ist zwar ganz nett, doch als Partner oder Partnerin kommt er oder sie definitiv nicht in Frage. Es hat einfach nicht gefunkt. Was tun? Sie wollen den anderen ja nicht verletzen, denn schließlich haben Sie sich per E-Mail so gut verstanden und er oder sie ist eigentlich ganz nett! Frauen sind hier oft zu vorsichtig und nicht deutlich genug und haben dann einen Verehrer am Hals, der ihnen einfach nur auf die Nerven fällt. Mit diesem Verhalten tun Sie weder sich noch dem anderen einen Gefallen. Sie halten den anderen hin, er weiß nicht, woran er eigentlich ist, und Sie müssen ständig Ausreden erfinden, warum Sie ihn nicht mehr treffen wollen. Hier helfen nur klare Worte, um die Situation ins Reine zu bringen. Wenn Sie diese nicht von Angesicht zu Angesicht vorbringen wollen, können Sie dies schriftlich machen, per E-Mail oder Brief. Schreiben Sie deutlich und freundlich: „Du bist wirklich ein netter Mensch, aber für mich einfach nicht der Richtige. Ich wünsche Dir, dass Du jemanden findest, der besser zu Dir passt." Auch wenn der oder die andere nicht Ihren Vorstellungen entspricht, dürfen Sie dies erwähnen: „Tut mir leid, aber ich habe mir Dich ganz anders vorgestellt. Du bist wohl doch nicht der Richtige für mich." Hüten Sie sich davor, den anderen auseinander zu nehmen, zu analysieren oder gar abzuwerten. Das hat er nicht verdient und Sie wissen nie, wo Sie ihm einmal wieder begegnen ... Wenn Sie danach keinen Kontakt mehr zu dieser Person wünschen, lassen Sie weitere Rückmeldungen einfach unbeantwortet.

Deutliche Worte ...

... aber keine Analyse

Was tun bei Pech und Pannen?

Leider kommt es immer wieder vor, dass es mit der Partnersuche nicht so läuft, wie Sie es sich vorgestellt haben. Sie bekommen vielleicht nicht genügend Zuschriften oder all Ihre Kontakte entpuppen sich als Nieten oder – noch schlimmer – als Psychopathen. Wenn Sie die Hinweise und Ratschläge zur Sicherheit in diesem Buch befolgt haben, dürfte Ihnen nicht allzu viel passieren, doch trotzdem ist dies sehr unangenehm und kann den Spaß an der Partnersuche gründlich vermiesen. Üben Sie sich in Schadensbegrenzung. Was Sie in konkreten Fällen tun können, erfahren Sie auf den folgenden Seiten.

2

Niemand meldet sich

Sie haben eine so schöne Anzeige aufgegeben oder ein Ihrer Meinung nach sehr ansprechendes Profil ins Netz gestellt, doch niemand meldet sich – außer ein paar professionellen Partnervermittlungsagenturen und den üblichen Perversen. Was haben Sie falsch gemacht? Sind Sie wirklich so unattraktiv?

Wappnen Sie sich zunächst einmal mit Geduld. Wenn Sie 24 Stunden, nachdem Sie ein Profil eingestellt haben, noch keine Zuschrift haben, bedeutet dies gar nichts. Viele Menschen gehen nur ein- oder zweimal die Woche online und daher kann es ein wenig dauern, bis es das erste Mal heißt: „Sie haben Post."

Geduld
üben

Wenn sich nach einigen Tagen immer noch niemand meldet, so überprüfen Sie, ob die Kontaktbörse, die Sie gewählt haben, auch die richtige für Sie ist. Schauen Sie noch einmal die Zielgruppe genau an. Gehören Sie wirklich dazu?

Stimmigkeit bei Profil und Foto nachbessern

Schauen Sie sich außerdem Ihr Profil an, und zwar nicht so, wie Sie es eingereicht haben, sondern so, wie es tatsächlich im Internet zu sehen ist. Ist Ihr Foto korrekt wiedergegeben? Falls es ein Problem gibt, so wenden Sie sich an den Anbieter und weisen Sie ihn darauf hin. Fragen Sie nach, welche Anforderungen ein Foto erfüllen muss, damit es in optimaler Qualität wiedergegeben werden kann, und reichen Sie dann ein neues Foto ein (⋯⇝ Seite 65 ff.).

Welchen Nickname haben Sie gewählt? „Weiblich_Berlin" oder „Schatzi24"? Vielleicht ist Ihr Name einfach nicht ansprechend genug oder zu austauschbar? Lassen Sie hier Ihre Fantasie etwas spielen oder verwenden Sie Ihren Vornamen plus Geburtsjahr, zum Beispiel „Sandra74". Namen spielen oft eine größere Rolle, als Sie zunächst denken mögen (⋯⇝ Seite 112)!

Zu guter Letzt sollten Sie auch den Text Ihrer Anzeige oder Ihres Profils noch einmal überprüfen (zumindest, wenn Sie diese ins Internet gesetzt haben, in den Printmedien kann im Nachhinein natürlich nichts mehr geändert werden). Vielleicht haben Sie einen Tippfehler gemacht und sind statt 34 nun 334 Jahre alt. Oder Ihr Text ist voller Standardsätze und Klischees, was Ihnen aber erst auffällt, wenn Sie die anderen Profile lesen. Versuchen Sie den Text Ihres Profils so interessant wie möglich zu gestalten, so dass die Augen der anderen Mitglieder daran hängen bleiben. Bitten Sie hier ruhig eine gute Freundin oder einen guten Freund um Hilfe. Mit Überschriften wie „Gesucht: Traumfrau" oder „Suche Mann fürs Leben" heben Sie sich nicht von der Masse ab, seien Sie also originell!

Schwierig ist es mit Partnervermittlungsinstituten. Hier zahlen Sie unter Umständen viel Geld und bekommen von Ihrem Institut keine Vorschläge. Auf Nachfrage heißt es dann: „Für Sie ist momentan niemand in unserer Kartei." Aber wie wollen Sie das überprüfen? Und woher wissen Sie, dass außer Ihnen überhaupt jemand in der Kartei ist? Wie bereits erklärt (⸱⸱⸱⸭ Seite 16 ff.), ist es vor allem bei professionellen Partnervermittlungsinstituten wichtig, dass Sie sich vorab gut über den jeweiligen Dienst informieren und sich die Kündigungsfristen genau ansehen. Nicht, dass Sie einen Haufen Geld für nichts bezahlen!

Psychopathen und Stalker

Leider treiben sich im Internet auch viele Psychopathen herum, die die Anonymität des Internets für sich nutzen. Das kann damit losgehen, dass Sie pornografische Zuschriften erhalten, und damit aufhören, dass Sie einen Stalker am Hals haben.

Mit pornografischen Zuschriften müssen vor allem Frauen, die online einen Partner suchen, leider rechnen. Und sind dann natürlich erst einmal schockiert – eine ganz normale Reaktion. Machen Sie sich klar, dass diese Zuschrift nichts mit Ihnen und Ihrem Profil zu tun hat, denn sie wird pauschal an alle Frauen gesendet, die bei einer Kontaktbörse angemeldet sind. Ärgern Sie sich kurz und löschen Sie die E-Mail dann mit einem Klick. Es kann aber auch sein, dass Sie mit einem Mann schon eine Zeit lang scheinbar harmlosen E-Mail-Kontakt hatten und seine Mails dann plötzlich immer anzüglicher werden. Er fragt nach Ihrer Oberweite, Ihren sexuellen Fantasien und Erlebnissen. Für Sie geht das zu schnell und Sie gehen daher nicht auf diese Fragen ein. Doch der andere kapiert Ihre Signale einfach nicht und fragt munter weiter... Hier hilft nur eines: Brechen Sie den Kontakt ab. Ein Mann, der Ihre Grenzen nicht

Pauschale Zusendungen sofort löschen

Schwarze
Listen oder
Ignorierlisten

akzeptiert, ist es nicht wert, dass Sie sich weiter mit ihm abgeben. Löschen Sie seine E-Mails ungelesen. Bei manchen Kontaktbörsen können Sie Mitglieder auch auf eine schwarze Liste oder Ignorierliste setzen lassen und bekommen dann keine Nachrichten mehr von dieser Person zugestellt (···> Seite 79).

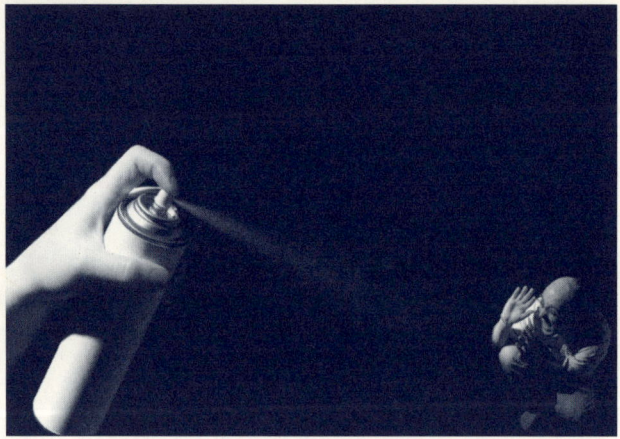

Selten, aber leider nicht ganz unwahrscheinlich ist das folgende Szenario: Sie haben mit einem Mann eine Zeit lang per E-Mail kommuniziert und auch telefoniert und nach diesem ersten Kontakt schien er Ihnen ganz sympathisch. Doch beim ersten realen Date stellt sich leider heraus, dass er doch nicht Ihr Traumpartner ist – Sie haben sich ihn anders vorgestellt oder es hat nicht gefunkt. Dies haben Sie ihm auch bestimmt, aber höflich mitgeteilt, doch dann geht der Terror los. Ihr Verehrer bombardiert Sie mit Mails und Telefonanrufen, denn Sie sind doch seine Traumfrau – sehen Sie das etwa nicht? Vielleicht weiß er auch, wo Sie arbeiten, und läuft Ihnen dort immer häufiger

„zufällig" über den Weg. In Chatrooms verbreitet er Lügen und Unwahrheiten über Sie und fordert andere auf, Sie ebenfalls mit Mails zu belästigen. Kurz gesagt: Sie haben es mit einem Stalker zu tun. Ein Stalker ist in der Regel psychisch krank, akzeptiert nicht, dass Sie nichts von ihm wissen wollen, und steigert sich in eine Fantasie hinein. Er verfolgt, belästigt oder bedroht sein Opfer geradezu obsessiv und gegen dessen erklärten Willen. Gerade das Online-Dating, bei dem oft nicht viel mehr als Foto und E-Mail-Adresse von einem Menschen bekannt sind, verführt dazu, sich ein Idealbild von einer Person aufzubauen und diese zur Traumfrau oder zum Traummann zu erheben – ganz egal, ob der- oder diejenige etwas davon wissen will oder nicht. Dies betrifft nicht nur Stars, sondern auch ganz normale Menschen, und ist eine sehr unangenehme Form der Belästigung, die zu einer echten Bedrohung werden kann. Sollten Sie Opfer eines solchen Stalkers werden, so gehen Sie nicht auf seine Kommunikationsversuche ein. Lassen Sie E-Mails unbeantwortet und nehmen Sie seine Anrufe nicht entgegen, auch wenn Ihr Telefon hundert Mal klingelt. Dokumentieren Sie seine Mails (abspeichern) und seine Anrufe (Zeitpunkt des Anrufs notieren), so dass Sie im Falle eines Falles Beweise in der Hand haben. Informieren Sie auch Ihr Umfeld und suchen Sie sich Unterstützung bei Freunden oder Selbsthilfegruppen. Und wenn Sie den Stalker als echte Bedrohung empfinden, so informieren Sie die Polizei.

Bedrohliche Belästigung durch Stalker

Diese ist auch der richtige Ansprechpartner, wenn Sie Fotos von sich plötzlich auf einer Pornoseite wiederfinden oder von einem Mann mit intimen Details erpresst werden. Zögern Sie nicht, rechtliche Schritte einzuleiten, damit Ihr Ruf nicht ruiniert wird.

Partnersuche im Internet: Online-Dating

In den vorhergehenden Kapiteln haben Sie alles Wichtige rund um die gezielte Partnersuche erfahren. Als wichtigster Weg hat sich in den letzten Jahren das Internet etabliert: Millionen Singles sind dort auf der Suche nach Mr. oder Mrs. Right.

Deshalb ist diesem Thema ein eigener Teil des Buches gewidmet, in dem Sie alles über das Online-Dating erfahren. Wie finden Sie den passenden Anbieter? Was gilt es beim Mailen oder Chatten zu beachten? Und welche Kontaktbörsen und Partnervermittlungen gibt es?

TEIL 3

Das Internet als beliebtester Weg der Partnersuche

Immer mehr Menschen suchen online nach dem Mann oder der Frau fürs Leben, und in den letzten zehn Jahren hat die Partnersuche im Internet das klassische Zeitungsinserat weitgehend abgelöst. Rund 2.500 deutschsprachige Angebote gibt es, bei denen rund 15 Millionen Menschen registriert sind. Diese hohe Zahl der Nutzer und Nutzerinnen zeigt, dass das Internet auch im Bereich „Partnersuche" als Dienstleistungsplattform voll akzeptiert wird. Und das Geschäft mit der Sehnsucht nach der großen Liebe boomt: Betrug der Umsatz der Online-Dating-Anbieter im Jahr 2005 noch 76 Millionen Euro, so schätzen ihn Experten für 2008 bereits auf über 100 Millionen Euro.[2]

2.500 deutschsprachige Angebote

Nach einer Emnid-Umfrage von 2003 steht das Internet bereits an dritter Stelle bei den Orten, an denen sich Paare kennen gelernt haben. Nur der Freundeskreis und der Arbeitsplatz sind noch Erfolg versprechender. Kneipe, Fitnessstudio und Restaurant mussten dagegen nach hinten rücken. Doch genaue Angaben zum Erfolg des Online-Datings sind schwer zu bekommen und noch schwerer nachzuprüfen. Viele Anbieter präsentieren auf ihren Webseiten zwar Liebesgeschichten von glücklichen Paaren, doch die genaue Erfolgsquote überprüfen kann natürlich niemand.

[2] Brandt, Andrea / Cziesche, Dominik / Kraft, Steffen / Latsch, Gunther: *Maschinisten der Liebe,* in: *Der Spiegel,* 20. März 2006, und Bitkom: *Rekordjahr für Internet-Singlebörsen in Deutschland,* 18.03.2008

Die Universität Zürich hat 2003 4.110 Online-Dater und -Daterinnen im Durchschnittsalter von 34 nach ihren Erfahrungen befragt. 23 % gaben dabei an, auf diesem Weg einen Partner oder eine Partnerin gefunden und mindestens ein halbes Jahr mit der Person zusammengeblieben zu sein. 12 % haben sich sogar schon vor dem ersten realen Treffen allein durch E-Mails verliebt. Eine Studie der Online-Partnervermittlung „Parship" aus dem Jahr 2006 fand heraus, dass jeder achte deutsche Internetnutzende seinen Partner bzw. seine Partnerin im World Wide Web kennen gelernt hat, bei den unter 35-Jährigen sogar jeder sechste. Des Weiteren können sich laut einer Emnid-Umfrage von 2003 unter 1.010 repräsentativen Internetnutzern und -nutzerinnen 40 % der Frauen und 42 % der Männer durchaus vorstellen, auf diesem Weg nach einem Partner oder einer Partnerin zu suchen.

3

Neben den großen Kontaktbörsen und Partnervermittlungen, die sich an den „ganz normalen Durchschnittsbürger" wenden, tummeln sich auf dem großen Marktplatz des Online-Datings auch viele Anbieter, die sich ganz bestimmte Zielgruppen herausgesucht haben und in diesen Nischen durchaus Profit erzielen. So gibt es unter anderem Singlebörsen für Übergewichtige, Landwirte, Senioren, Schwule und Lesben, Christen, Juden und Muslime, Veganer, Hundefreunde, Seitenspringer und und und.

Breite Palette an Zielgruppen

Warum ist das Internet nun aber so beliebt? Immer mehr Menschen haben keine Zeit mehr für die klassische Partnersuche am Arbeitsplatz, im Freundeskreis, im Fitnessstudio oder in der Kneipe. Stattdessen nutzen sie die Möglichkeiten, die ihnen die virtuelle Welt bietet. Hier haben sie Zugriff auf Millionen andere Singles in ganz Deutschland oder sogar auf der ganzen Welt – und das alles vom eigenen Wohnzimmer aus. Dazu kommt noch, dass viele Menschen desillusioniert vom Thema Liebe sind. Scheidungen im Familien- und Bekanntenkreis sowie eigene schlechte Erfahrungen lassen sie nicht mehr an die Liebe auf den ersten Blick und große romantische Gefühle glauben. Zu häufig kommt es vor, dass man Gefühle in die falsche Person investiert – warum also nicht vorab gründlich prüfen? So sind dann auch „absolute Treue" und „Partner fürs Leben" zwei häufige Suchkriterien, die vor allem von Frauen in die Suchmaschinen der Online-Kontaktbörsen und Partnervermittlungen eingegeben werden. Bevor man wieder enttäuscht wird, stellt man lieber von Anfang an klar, was wichtig für einen oder eine ist.

Romantische
Gefühle

In den Zeiten von Fernseh-Talkshows, Online-Tagebüchern und Reality-TV-Sendungen wächst die Zahl derjenigen, die vieles von sich einer breiten Öffentlichkeit preisgeben. Daher ist es nicht mehr peinlich, im Internet deutlich zu sagen, was Sie mögen und was nicht, was Ihnen wichtig ist und was nicht. Und wer weiß: Vielleicht macht es ja online endlich „klick".

Die richtige Seite finden

Bevor Sie an den Start gehen, sollten Sie sich überlegen, welche Art von Online-Dating die richtige für Sie ist und welcher spezielle Anbieter zu Ihnen und Ihren Wünschen passt.

Online-Dating ist nicht gleich Online-Dating: die verschiedenen Angebote

3

Im Wesentlichen unterscheidet man beim Online-Dating zwischen zwei Kategorien von Diensten: Kontaktbörsen und Partnervermittlungen.

Die Kontaktbörse
Bei einer Kontaktbörse stellt der Anbieter lediglich die Plattform zur Verfügung, auf der Sie und andere Nutzer und Nutzerinnen Ihre Profile einstellen können. Alles Weitere – die Profile formulieren, auf Partnersuche gehen, Kontakt aufnehmen und so weiter – müssen Sie selbst erledigen. Beispiele für solche Kontaktbörsen sind Friend-Scout24 oder neu.de. Bei den meisten Anbietern ist das Einstellen eines eigenen Profils oder Fotos sogar kostenlos; Gebühren fallen nur an, wenn Sie selbst aktiv werden, also mit anderen Mitgliedern chatten, Kontakt aufnehmen oder Ähnliches wollen. Sonst bleibt Ihr Profil passiv, das heißt, andere Mitglieder können darauf zugreifen und Sie kontaktieren – doch Sie können nicht antworten. Dies ist erst möglich, wenn Sie sich für eine Premium-Mitgliedschaft angemeldet und bezahlt haben.

Gebühren bei Kontaktaufnahme

In Kontaktbörsen wird gechattet und geflirtet, was das Zeug hält. Wer sich hier tummelt, ist aber nicht unbedingt auf der Suche nach einer festen Bindung. Viele nutzen die kostenlose Möglichkeit, ihr Profil einzustellen, und warten dann ab, was sich so tut. Deshalb ist hier ein wenig gesundes Misstrauen angesagt. Nehmen Sie das (virtuelle) Objekt Ihrer Begierde etwas genauer unter die Lupe und warten Sie noch einige Zeit, bis Sie Ihren vollen Namen, Ihre Adresse oder Ihre Telefonnummer herausrücken.

Große Unterschiede Da sich die einzelnen Kontaktbörsen hinsichtlich Bedienung, Vertragslaufzeiten und Kosten teilweise stark unterscheiden, finden Sie nähere Informationen hierzu bei der Vorstellung der einzelnen Kontaktbörsen ab Seite 140.

Die Partnervermittlung

Der Service einer Partnervermittlung geht weiter als der einer Kontaktbörse. Hier bekommen Sie in der Regel einen umfangreichen, teilweise psychologisch aufgebauten Fragebogen, den Sie ausfüllen müssen. Auf der Basis dieses Fragebogens macht Ihnen dann die Partnervermittlung per E-Mail konkrete Vorschläge, die bei den Bereichen Interessen, Ansichten oder Wünschen zu Ihrem Profil passen. Die Suche nach dem oder der Richtigen wird Ihnen also abgenommen und Sie brauchen nicht stundenlang irgendwelche Profile durchzulesen, nur um dann am Ende auf eine Karteileiche zu stoßen. Auch Menschen, die sich zunächst **Anonymität bewahren** noch ein wenig Anonymität bewahren möchten, sind mit einem solchen Dienst gut beraten. Hier wird Ihr Profil nämlich nicht für alle sichtbar ins Internet gestellt, sondern Sie können selbst entscheiden, welche Informationen Sie wann weitergeben. So können Sie zum Beispiel Ihr Foto zurückhalten und es nur für bestimmte Nutzer und Nutzerinnen freigeben. Dies kann dann ein Vorteil sein, wenn Sie nicht unbedingt zu den „Coolen und Schönen" gehören und der Oberflächlichkeit der Kontaktbörsen, bei denen sich alles um das Foto dreht, entgehen wollen.

Da hinter einer Partnervermittlung mehr Arbeit steckt und Sie auch mehr Service bekommen als bei einer reinen Kontaktbörse, ist ein solcher Dienst meist auch teurer. Dafür

3

können Sie sichergehen, dass die Menschen, die sich hier tummeln, wirklich auf der Suche nach einer ernsthaften Beziehung sind. Leute, die nur mal ein bisschen mailen oder chatten wollen, können dies bei anderen Anbietern günstiger bekommen. Andererseits können Sie sich bei den Partnervermittlungen nur begrenzt selbst auf die Suche machen, sondern sind auf die Vorschläge des Anbieters angewiesen. Doch was ist, wenn der Traummann oder die Traumfrau durchs Raster fällt? Ihre Wahlmöglichkeiten sind bei einer Partnervermittlung also etwas eingeschränkt.

Da sich die einzelnen Partnervermittlungen hinsichtlich ihrer Bedienung, Vertragslaufzeiten und Kosten teilweise sehr unterscheiden, finden Sie nähere Informationen hierzu bei der Vorstellung der einzelnen Partnervermittlungen ab Seite 162.

Flirtbörsen, Seitensprung-Agenturen & Co.

Neben diesen beiden Arten von Anbietern gibt es noch eine Reihe weiterer Online-Dating-Angebote im Internet. Flirtbörsen sind zum Beispiel – wie ihr Name sagt – zum Flirten da. Ob sich aus einem belanglosen Flirt etwas Ernsthaftes entwickelt, bleibt den Flirtenden überlassen. Viele suchen wirklich nur einen kurzen Flirt – wer auf der Suche nach einem Partner oder einer Partnerin fürs Leben ist, wird hier in der Regel also kaum fündig werden. Darüber hinaus gibt es auch sogenannte „Seitensprung-Agenturen", an die sich Menschen wenden, die zwar liiert sind, aber nach etwas Abwechslung suchen. Hier gibt es wiederum Unterkategorien von „Affäre" bis „One-Night-Stand". Auch für jede Art von sexueller Vorliebe gibt es eigene Internetseiten. Und schließlich können Sie im Internet auch reine Brieffreundschaften finden – mit denen zwar „nur" geplaudert wird, doch das durchaus in einem eindeutigen Ton über einschlägige Themen.

„Halbherzige" Angebote

Die einzelnen Anbieter unterscheiden sich teilweise sehr stark im Hinblick auf Bedienung, Vertragslaufzeit und Kosten. Wie bei Online-Dating-Angeboten gilt auch hier: Prüfen Sie die Allgemeinen Geschäftsbedingungen (⋯⋗ Seite 48) und achten Sie besonders auf (versteckte) Kosten, Widerrufsfristen und Kündigungsmöglichkeiten.

Angebote von Zeitungen und Zeitschriften

Kontaktbörse

Lesen Sie gerne eine bestimmte Zeitschrift? Dann schauen Sie doch einmal bei deren Online-Auftritt vorbei. Nicht selten findet sich dort auch eine Kontaktbörse, und Sie können zumindest schon einmal sicher sein, dass die anderen Nutzer und Nutzerinnen Ihre Interessen teilen und auf einer ähnlichen Wellenlänge liegen. Auch Fernsehsender haben oft eine Kontaktbörse auf ihrer Website. Immer häufiger sind diese allerdings mit dem Angebot eines der großen Dienstleister verknüpft, doch ein Blick auf diese Seiten kann sich immer lohnen. In Bezug auf die Registrierung, Kosten und die vertragliche Bindung gelten hier natürlich dieselben Bedingungen wie für die Kontaktbörse, mit der diese Angebote verknüpft sind.

Freizeitbörsen

Haben Sie ein bestimmtes Hobby? Reiten Sie gerne, sind Sie Australien-Fan oder züchten Sie Orchideen? Dann machen Sie sich im Internet auf die Suche nach Gleichgesinnten! Für so gut wie jedes Hobby gibt es eine Interessengemeinschaft im Internet, und sehr oft haben diese Internetseiten ein Forum oder einen Chat. Die Menschen, die sich hier tummeln, sind zwar nicht immer auf Partnersuche, sondern wollen sich in den meisten Fällen nur über ihr Hobby austauschen. Doch auch so haben sich schon viele nette Kontakte ergeben, und wer weiß: Vielleicht wird aus einem solchen Kontakt ja auch mehr? Für Menschen, die gezielt auf der Suche nach einem Partner oder einer Partnerin sind, mag dies nicht genug sein, doch für Personen, die lediglich neue Leute kennen lernen möchten und für alles offen sind, können solche Internetkontakte eine wahre Fundgrube sein. Die Registrierung erfolgt ganz einfach über eine E-Mail-Adresse und ein Passwort, Kosten fallen in der Regel keine an. Auch eine vertragliche Bindung existiert nicht.

Social-Networking-Seiten

In jüngster Zeit erfreuen sich Social-Networking-Seiten wie MySpace (www.myspace.com), Facebook (www.facebook. com), Xing (ehemals OpenBC, www.xing.com), Lokalisten (www.lokalisten.de) oder für Studierende StudiVZ (www. studivz.net) großer Beliebtheit. Diese dienen zwar ursprünglich der Selbstdarstellung und dem harmlosen Kontakteknüpfen, doch werden sie immer öfter auch als Kontaktbörsen genutzt. Warum, ist leicht zu verstehen: Findet man hier doch eine Vielzahl von privaten Informationen und Bildern der Nutzer und Nutzerinnen und kann leicht und unkompliziert Kontakt mit ihnen aufnehmen. Wer weiß, was sich hier alles ergibt? Eine gezielte Suche nach Partnern oder Partnerinnen, die dem Idealbild entsprechen, ist hier allerdings nicht möglich.

In der Regel benötigen Sie nur eine E-Mail-Adresse und ein Passwort, um sich zu registrieren. Dann können Sie ein (meist) kostenloses Profil anlegen und Fotos, Videos oder Internettagebücher (Blogs) präsentieren. Darüber hinaus ist es möglich, mit anderen Mitgliedern zu kommunizieren. Eine vertragliche Bindung existiert in den meisten Fällen nicht.

Einfache Registrierung

Darauf sollten Sie achten

Eines sei vorab gesagt: Prüfen Sie die Seite, bei der Sie sich anmelden wollen, genau und finden Sie heraus, um welche Art von Anbieter es sich handelt. Es nützt nichts, wenn Sie sich bei einer unverbindlichen Flirtbörse anmelden, aber eigentlich den Partner oder die Partnerin fürs Leben finden möchten.

Wenn Sie wissen, für welche Art von Dienstleister Sie sich entscheiden wollen – Kontaktbörse oder Partnervermittlung –, so haben Sie auch innerhalb dieser Kategorie noch die Qual der Wahl. Um ein paar Zahlen zu nennen: Im April 2008 ergab die Suche nach „Kontaktbörse" bei Google 2.440.000 Treffer, die Suche nach „Partnervermittlung" führte sogar zu 2.730.000 Seiten. 99 % dieser Treffer können Sie vergessen – doch wie trennt man die Spreu vom Weizen? Eine Möglichkeit: Sie nutzen die Übersicht der Kontaktbörsen und Partnervermittlungen ab Seite 140.

Weitere Differenzierung

Ein weiterer guter Tipp ist die Website www.singleboersenvergleich.de, die eine Vielzahl von Angeboten vergleicht und bewertet. Wenn Sie sich für einen weniger bekannten Anbieter entscheiden wollen, so gilt: Nehmen Sie ihn sorgfältig unter die Lupe. Lesen Sie die Allgemeinen Geschäftsbedingungen genau durch und erkundigen Sie sich, wie es der Anbieter mit dem Datenschutz hält. Worauf Sie bei der Entscheidung für einen Anbieter achten sollten, erfahren Sie in den folgenden Abschnitten.

Die Zielgruppe

Als Erstes sollten Sie einen Blick auf die Zielgruppe eines Anbieters werfen. Die meisten Anbieter von Online-Datings geben auf der Startseite oder in einer Rubrik namens „Über uns" oder Ähnlichem Informationen über ihre Mitglieder.

Zusammensetzung der Mitglieder

Hier ist jedoch nicht nur eine Zahl wie „1,2 Millionen Mitglieder" wichtig, sondern auch die Zusammensetzung dieser Mitglieder. Gibt es mehr Männer oder mehr Frauen? Wie ist der Altersdurchschnitt? Sammeln Sie so viele Informationen über die Zielgruppe wie möglich, damit Sie in der Kontaktbörse auf die Suche gehen, die für Sie die richtige ist.

Übrigens: Auch wenn eine Seite mit 1,2 Millionen Mitgliedern wirbt, heißt das noch lange nicht, dass diese Zahl auch stimmt. Viele Anbieter – vor allem kleine – frisieren ihre Mitgliederzahlen nämlich, um besser dazustehen. Auch ist aus der Zahlenangabe nicht ersichtlich, wie viele Mitglieder tatsächlich aktiv sind und mit anderen kommunizieren können. Zudem sortieren einige Anbieter nur selten Karteileichen aus.

Die Allgemeinen Geschäftsbedingungen

Sie haben nun also eine Seite gefunden, die Ihren Wünschen entspricht. Nun können Sie loslegen, oder? Auch wenn es Ihnen noch so schwer fällt: Warten Sie noch ein bisschen, bevor Sie sich anmelden, und lesen Sie in Ruhe die Allgemeinen Geschäftsbedingungen der Website durch. Worauf Sie dabei achten sollten, haben Sie bereits ab Seite 48 erfahren.

So erkennen Sie schwarze Schafe

Wenn Sie die Allgemeinen Geschäftsbedingungen gelesen haben und diese in Ordnung sind, können Sie in den meisten Fällen davon ausgehen, dass Sie einen seriösen Anbieter gefunden haben. Als das Online-Dating noch etwas Neues war, waren viele Dienste für Frauen kostenlos. Der Grund: Das Internet und vor allem die Kontaktbörsen waren damals noch eine Männerdomäne. So mussten sich diese etwas einfallen lassen, um Frauen in ihre Online-Karteien zu bekommen, denn eine Kontaktbörse mit einem Männeranteil von 80 % funktioniert nur schlecht. Heutzutage sind die Geschlechterverhältnisse in den seriösen Kontaktbörsen und Partnervermittlungen meist ausgewogen, und die Mitgliedschaft für Frauen ist auch nicht mehr kostenlos. Anbieter, die nach wie vor mit einer kostenlosen Mitgliedschaft für Frauen locken, sind daher eher nicht seriös.

Geschlechterverhältnis

Bestimmungen des deutschen Presserechts gelten auch im Internet, und so muss sich auf jeder Website ein Impressum befinden, in dem der Name und die Anschrift der Inhaber oder Webseitenbetreiber aufgeführt sind. Achten Sie darauf, dass sich der Firmensitz in Deutschland befindet – so sind Sie rechtlich auf der sicheren Seite.

> Vorsicht ist bei einer Firmierung unter dem englischen „Ltd." angebracht, denn diese Firmen sind sehr häufig unseriös. Ziehen Sie einen solchen Anbieter in Betracht, so sollten Sie ihn besonders sorgfältig prüfen.

So finden Sie eine Kontaktbörse oder Partnervermittlung, die zu Ihnen passt

- Suchen Sie eine Kontaktbörse oder eine Partnervermittlung?
- Wie professionell ist der **Internet-Auftritt?**
- Wie viele **Mitglieder** hat das Angebot?
- Wie ist das **Verhältnis Männer / Frauen?**
- Welches **Durchschnittsalter** haben die Mitglieder?
- Besteht die Möglichkeit, einen **Schnupper-Account** einzurichten? Sind bestimmte Angebote kostenlos zu nutzen?
- Wie viel kostet eine **Mitgliedschaft mit unbegrenzter Kommunikation?**
- Welche **Kündigungsfristen** gibt es?
- Ist die Seite **leicht zu bedienen?**
- Welche **Hilfestellungen** gibt die Seite, wenn Sie Probleme haben, Ihr Profil zu erstellen oder Bilder hochzuladen?

Auch von Anbietern mit einer 0900er-Kontakttelefonnummer sollten Sie die Finger lassen. Hier geben Sie oft sehr viel Geld für Telefongespräche aus, die zu nichts führen. Bei SMS-Flirtlines sollten Sie genau überprüfen, wie viel eine SMS kostet. Selbst wenn Sie eine Handy-Flatrate haben, handelt es sich bei diesen Nummern um kostenpflichtige Servicenummern, die mit Beträgen bis zu 1,99 Euro pro SMS ganz gewaltig zu Buche schlagen können. Lassen Sie sich auf solche Spielchen gar nicht erst ein. Und Sie haben keine Ahnung, wer wirklich auf Ihre SMS antwortet: die Traumfrau von der Website oder ein Informatik-Student, der sich sein Studium damit finanziert?

3

- Welche **Kommunikationsmöglichkeiten** gibt es (internes Mailsystem, Chat, SMS usw.)?

- Wie viele **Fotos** können Sie einstellen?

- Gibt es **Favoriten- und Ignorierlisten**?

- Gibt es eine „**Wer ist online**"-Funktion?

- Welche **Zusatzleistungen** gibt es (Coaching, Veranstaltungen, Vorstellung neuer Mitglieder usw.)?

- Werden die **Preise transparent** dargestellt?

- Sind die **Allgemeinen Geschäftsbedingungen** gut zugänglich, am besten durch einen Link von der Startseite aus?

- Sind die Allgemeinen Geschäftsbedingungen juristisch zulässig?

- Hält sich der Anbieter an das **Datenschutzgesetz** (⋯⊱ Seite 48)?

- Gibt es eine **Kontaktadresse** oder **Hotline**, an die Sie sich bei Problemen wenden können (und zwar nicht über eine 0900er-Nummer)?

An den Start gehen

Sie haben einen passenden Anbieter gefunden und dessen AGBs geprüft. Um an den Start zu gehen, brauchen Sie nur noch zwei Dinge: einen Nickname und eine E-Mail-Adresse. Was es dabei zu beachten gilt, erfahren Sie im Folgenden.

Der Nickname

Ihr Name fürs Internet

„Nickname" – kurz auch „Nick" genannt – bedeutet übersetzt „Spitzname". Im Internet bezeichnet der Begriff den Namen, mit dem Sie dort unterwegs sind. Dieser Nickname sollte natürlich nicht Ihr eigener kompletter Name sein. Doch wie nennen Sie sich am besten? Schließlich soll der Name die Neugier der anderen Mitglieder wecken, und das ist gar nicht so einfach. Der Nickname steht nämlich nicht nur neben Ihrem Online-Profil, sondern auch auf der Liste der Mitglieder, die gerade online sind. Wenn es da nur heißt „Markus" (auch wenn Ihr echter Name vielleicht Peter ist), macht das andere Nutzer nicht besonders aufmerksam. Was also tun?

Kreativität ist gefragt

Keinesfalls sollten Sie Ihren echten Vor- und Nachnamen als Nickname wählen, auch Ihre E-Mail-Adresse ist tabu. Beliebt ist die Entscheidung für den Vornamen, doch wenn Sie nicht gerade einen sehr exotischen Namen haben, ist dieser meistens schon vergeben. Daran ändern auch Zusätze wie die ersten beiden Ziffern der Postleitzahl („Steffi 79") oder das Geburtsdatum („Mike134") nicht viel. Das ist gar nicht mal so schlecht, denn so ist Ihre Kreativität gefragt. Und schließlich wollen Sie sich ja auch von den anderen Nutzern und Nutzerinnen abheben, oder?

Das tun Sie übrigens nicht mit Namen wie „suessemaus" oder „Charmeur". Von diesen tummeln sich schon zu viele im Netz und niemand will das mehr hören oder sehen. Auch bei Namen wie „weiblichHH" oder „Berliner28" besteht leicht Verwechslungsgefahr.

Wählen Sie lieber einen Namen, der etwas über Sie aussagt. Versuchen Sie, Ihre Vorlieben in Ihren Nickname zu integrieren, vor allem wenn Ihnen wichtig ist, dass Ihr zukünftiger Partner oder Ihre Partnerin dieses Interesse teilt. So entstehen dann zum Beispiel Namen wie „Jazzfreundin", „Tennis-Martin" oder „Australienfan".

3

Die E-Mail-Adresse

Neben einem Nickname brauchen Sie eine E-Mail-Adresse, damit die Kandidaten und Kandidatinnen mit Ihnen in Kontakt treten können. Legen Sie sich zu diesem Zweck eine zusätzliche E-Mail-Adresse zu, denn diese können Sie ganz einfach wieder abmelden oder einschlafen lassen, wenn Sie genug von der Partnersuche haben oder den Mann oder die Frau fürs Leben gefunden haben. So bekommen Sie nicht noch Monate später unerwünschte Mails, die nur Ihr Postfach verstopfen. Außerdem werden E-Mail-Adressen, die für alle Welt sichtbar im Internet stehen, gerne abgefischt und weiterverkauft. Auf diese Weise landen unzählige unerwünschte Werbemails („Spam") in Ihrem Posteingang – und davor sollten Sie Ihr „echtes" privates Postfach schützen.

Neue E-Mail-Adresse anlegen

Eine kostenlose E-Mail-Adresse können Sie sich leicht bei einem Anbieter wie www.hotmail.com, www.gmx.net, www.yahoo.de, www.arcor.de oder www.freenet.de besorgen. Mit wenigen Schritten sind Sie registriert und können dann sofort losmailen. Diese E-Mail-Adresse sollte unbedingt anonym sein, also auf keinen Fall Ihren kompletten Vor- und Nachnamen enthalten. Am besten passt es natürlich, wenn Sie Ihren Nickname auch in Ihre E-Mail-Adresse setzen. Wer zum Beispiel als „Jazzfan" in einer Kontaktbörse angemeldet ist, könnte sich die E-Mail-Adresse „jazzfan@xyz" besorgen – vorausgesetzt, sie ist noch frei.

Bei E-Mail-Adressen mit erotischem Touch ist Vorsicht angebracht. Die Spam-Filter mancher E-Mail-Programme sortieren diese automatisch aus und stellen sie gar nicht erst zu.

Bei der Anmeldung bei einem E-Mail-Provider müssen Sie meistens Ihren Namen und Ihre Adresse angeben, doch unterliegen diese Provider dem Datenschutz und dürfen Ihre Daten nicht an Dritte herausgeben. Auf eines sollten Sie bei der Anmeldung jedoch unbedingt achten: Welcher Absender (der sogenannte „Header") wird genannt, wenn Ihre E-Mail im Postfach einer anderen Person landet? Steht dort dann tatsächlich „jazzfan@xyz" oder nicht vielleicht doch Ihr echter Name? Auch wenn Ihre E-Mail-Adresse „jazzfan@xyz" lautet, kann Ihre Mail nämlich trotzdem mit Ihrem echten Vor- und Nachnamen im Postfach anderer auftauchen. Überprüfen Sie daher genau, welcher Header erscheint. Zur Not müssen Sie ein wenig tricksen und als Vor- und Nachname „Jazz" und „Fan" eintragen. Ihre Anschrift lautet dann eben „c/o Lieschen Müller, Musterstraße 666" und so weiter.

3

Am Ende einer E-Mail befindet sich häufig die sogenannte Signatur, die Ihren Namen, Ihre Adresse, Telefonnummer und E-Mail-Adresse enthält. Diese wird oft vom E-Mail-Provider automatisch eingefügt. Achten Sie unbedingt darauf, dass dies bei Ihrer Flirt-Adresse nicht passiert, denn damit geht jegliche Anonymität verloren.

Wenn Sie eine neue E-Mail-Adresse eingerichtet haben, so schicken Sie zum Test eine Mail an sich selbst – entweder an die neue Adresse oder an Ihre bisherige Adresse. Es reicht hier schon, wenn Sie das Wort „Test" in die Betreffzeile schreiben, darüber hinaus brauchen Sie keinen Text. So sehen Sie, wie Ihre Mail bei anderen ankommt. Welcher Header oder Absender ist angegeben? Wird irgendein Text automatisch in die Mail eingefügt?

Viele Kontaktbörsen und Partnervermittlungen stellen ihren (zahlenden) Kunden und Kundinnen auch eigene E-Mail-Adressen zur Verfügung, die diese dann für die Kommunikation mit anderen Mitgliedern des Anbieters nutzen können. Auch diese E-Mail-Adressen sind vollständig anonym und lassen keine Rückschlüsse auf Ihre wahre Identität zu.

Alles über das Mailen

Vielen Menschen fällt es schwer, ihre Gedanken zu Papier bzw. auf den Bildschirm zu bringen. Mündlich geht doch alles viel einfacher! Und dann ist da ja auch noch die Sache mit der Rechtschreibung ... Doch so schlimm ist Mailen gar nicht, im Gegenteil: Sie haben hier nämlich viel Zeit, um sich Ihre Worte genau zu überlegen. Wo Sie bei einem Treffen von Angesicht zu Angesicht vielleicht nervös zu stottern beginnen, können Sie an Ihrem PC in Ruhe eine witzige und interessante Mail verfassen.

Zeit und Ruhe

Die Kontaktaufnahme

Glück gehabt: Sie sind auf einige Profile gestoßen, die Ihnen gefallen. Die Männer oder Frauen auf den Fotos erschienen Ihnen sympathisch und auch die beiliegenden Profile machten Sie neugierig auf den Menschen dahinter. Nun wollen Sie also Kontakt aufnehmen. In der Regel geht dies über eine E-Mail. Doch was schreibt man da?

Keine Standard- oder Massenmails

Vergessen Sie nicht: Für den ersten Eindruck gibt es keine zweite Chance. Deshalb sollte der erste Eindruck ein guter sein, damit Sie sich nicht schon von Anfang an alles vermasseln. Vor allem Männer machen es sich oft leicht und schicken dieselbe Standard-Mail an etliche Frauen. Diese klingt dann zwar oft ganz nett, denn der Absender stellt sich darin kurz vor und bekundet sein Interesse. Doch für die Empfängerin ist diese Masche trotzdem schnell zu durchschauen, denn der Absender geht mit keinem Wort auf ihr Profil ein – kann er auch nicht, denn dieselbe Mail geht ja an Dutzende Frauen. Und schon denkt sich die Empfängerin: „Der redet ja nur von sich. Interessiert der sich überhaupt für mich?" Es gibt ja außer dem Foto noch irgendetwas, das Sie an einem Profil anspricht, zum Bei-

Der erste Eindruck

spiel ein gemeinsames Hobby. Gehen Sie daher in Ihrer ersten Mail darauf ein. So zeigen Sie, dass Sie nicht nur zu einem großen Rundumschlag ausholen und jede Frau anschreiben, sondern wirkliches Interesse an der anderen Person haben.

Die Betreffzeile

Jede E-Mail hat eine Betreffzeile, wie das beim guten alten Brief auch so ist. An ihr erkennt der Empfänger, um was es in der Mail geht. Wer noch unerfahren im Mailverkehr ist, vergisst häufig, die Betreffzeile auszufüllen. Und auch im Eifer des Gefechts kann es passieren, dass man so sehr auf den Text der eigentlichen Mail konzentriert ist, dass man die Betreffzeile übersieht. Doch diese Zeile ist wichtig: Bedenken Sie, dass der Empfänger oder die Empfängerin dieser Mail Sie ja nicht kennt. Wenn dann nur eine Mail mit dem Absender „Schmusekatze" oder „Peter Müller" im Postfach liegt und kein weiterer Betreff angegeben ist, öffnen manche Leute diese Mail vielleicht nicht, weil sie meinen, es handle sich um Spam oder einen Virus. Überprüfen Sie also, ob Sie eine Betreffzeile eingegeben haben, bevor Sie Ihre Mail abschicken. Einige Mail-Programme machen Sie auch automatisch darauf aufmerksam, dass Sie hier etwas übersehen haben.

Betreffzeile ausfüllen

Was schreiben Sie nun in diese Betreffzeile? Am besten etwas, mit dem Ihre Mail einwandfrei zugeordnet werden kann, zum Beispiel „Dein Profil bei Kontaktbörse xxx".
Es gibt aber auch Worte, die Sie in der Betreffzeile nicht verwenden sollten. Viele E-Mail-Programme untersuchen nämlich die Betreffzeilen, um unerwünschte Werbemails (Spam) zu erkennen und auszusortieren. Tauchen bestimmte Worte in einer Betreffzeile auf, so wird diese Mail vom Mail-Programm sofort in den Papierkorb verschoben. Und das soll mit Ihrer Mail ja nicht passieren, oder? Zu diesen Signalwörtern gehören „Sex", „unbedingt lesen", „gratis"

oder die englischen Ausdrücke „urgent" und „free". Da ist ein einfaches „Ich möchte dich gerne näher kennen lernen" schon besser!

Die Anrede

Wie reden Sie einen Menschen an, dessen Namen Sie nicht kennen? Viele Online-Dater greifen hier auf ein kurzes und knappes „Hallo", „Hi", „Guten Morgen" oder – regional gefärbt – „Moin" zurück. Doch Sie kennen ja den Nickname des oder der anderen – warum also nicht diesen in der Anrede verwenden? Dies wirkt gleich viel persönlicher. Selbst wenn Sie den Empfänger nur als „Jazzfan" kennen, macht sich ein „Lieber Jazzfan" oder „Hallo, lieber Jazzfan" besser als ein einfaches „Hallo". So zeigen Sie, dass Sie aus wenig etwas machen können.

Nickname verwenden

Auf den Einstieg kommt es an!

Haben Sie schon einmal ein Buch zur Hand genommen, bei dem Sie überhaupt nicht wussten, um was es geht? Und der erste Satz war so gut geschrieben, dass Sie einfach weiterlesen mussten, und schon waren Sie mitten drin im ersten Kapitel, obwohl Sie doch eigentlich nur kurz in dem Buch blättern wollten? Wie bei einem guten Buch

kommt es auch bei einer E-Mail ganz besonders auf den ersten Satz an. Beim Online-Dating entscheidet er häufig darüber, ob der Empfänger bzw. die Empfängerin die Mail liest oder nicht. Wer gleich mit der Tür ins Haus fällt und den falschen Ton trifft („Poppen – sag mir wann und wo!"), katapultiert sich meist sofort ins Aus und die Mail landet mit einem Klick im Papierkorb. Ein interessanter Eröffnungssatz dagegen verführt dazu, die Mail zu lesen und den Absender in die engere Wahl zu ziehen.

Viele Online-Dater steigen mit dem Satz „Ich habe Dein Profil bei der Kontaktbörse xy gesehen und fand Dich sympathisch" ein. Das ist die Wahrheit, aber vermutlich beginnen 80 % aller Mails mit genau diesem Satz (oder einer Variation davon). Beginnen Sie mit einem Zitat, einem Sprichwort oder meinetwegen auch einem Spruch aus der Werbung: „Suchst Du noch oder liebst Du schon?" – so könnte Ihr Einstieg zum Beispiel lauten. Oder gehen Sie gleich im ersten Satz auf eine Angabe im Profil ein: „Du spielst gerne Golf? Dann kannst Du mir sicherlich noch einiges beibringen, denn mein Handicap liegt momentan noch bei 20." So zeigen Sie, dass Sie nicht nur aufs Foto geschaut, sondern sich auch mit dem Profiltext des oder der anderen beschäftigt haben. Sie grasen also nicht nur sämtliche Bilder ab, sondern haben echtes Interesse an den Personen dahinter. Der oder die andere fühlt sich geschmeichelt und Sie sammeln Sympathiepunkte – und zeigen schon einmal, dass Sie mit dem Empfänger bzw. der Empfängerin Ihrer Mail etwas gemeinsam haben.

Persönlich, aber nicht zu intim

Was sollten Sie über sich selbst preisgeben? Für die erste Mail genügen die wesentlichen Daten: Alter, Größe, Gewicht, Wohnort und ein paar Angaben zu Beruf und Hobbys. Hat der oder die andere Interesse an Ihnen, so kann er oder sie sich in Ihrem Profil zusätzliche Informationen besorgen. Breiten Sie nicht gleich Ihre ganze persönliche Beziehungsgeschichte aus, denn dafür ist später noch Zeit, wenn Sie sich ein wenig besser kennen. Hüten Sie sich auch vor übertriebenen Komplimenten wie: „Du bist meine absolute Traumfrau, ich habe mich unsterblich in Dein Foto verliebt." Jeder weiß, dass zur Liebe mehr gehört als ein Foto – mit solchen Schwülstigkeiten können Sie in der Regel nicht punkten. Sagen Sie lieber, was Sie sich von einer Beziehung wünschen und erhoffen, das klingt besser als gleich alles aufzuzählen, was Ihnen nicht passt.

Keine übertriebenen Komplimente

Die Verabschiedung

Schließlich gehört zu einer Mail auch eine Verabschie-
dung. Ob Sie sich nun für ein sachliches „Gruß", ein „Bis
hoffentlich bald" oder ein „lg" oder „cu" entscheiden,
bleibt Ihnen überlassen. Vergessen Sie jedoch nicht, Ihren
Namen anzugeben. In der ersten Mail kann das ruhig noch
Vorname Ihr Nickname sein, wer möchte, kann aber gerne den ech-
genügt ten Vornamen nennen. Auch ein Satz wie „Ich würde mich
freuen, von Dir zu hören und Dich näher kennen zu lernen"
macht sich gut. Dieser Satz drückt aus, warum Sie die
E-Mail geschrieben haben, bettelt aber nicht um eine
Antwort.

In der Kürze liegt die Würze

Zu guter Letzt noch ein Tipp: Halten Sie Ihre erste Mail zur
Kontaktaufnahme kurz. Das heißt: Mehr als ein paar Zeilen
Keine dürfen es schon sein, doch schreiben Sie am Anfang kei-
Romane nen ganzen Roman. Niemand hat Lust, sich durch seitenlange Texte zu quälen, wenn es nur darum geht, ob jemand als Partner oder Partnerin in Frage kommt. Daher
sollte der ausgedruckte Text nicht länger als eine DIN-
A4-Seite sein. Beschränken Sie sich auf die wichtigsten
Informationen und auf das, was Sie für andere interessant
macht. Dann haben Sie auch im weiteren Mailverkehr noch
eine Menge zu erzählen.

Auf Kontaktwünsche antworten

Hurra, bei all den Zuschriften, die Sie auf Ihr Profil bekommen haben, war also tatsächlich eine Person dabei, die
Ihnen ganz sympathisch erschien. Sie könnten sich durchaus vorstellen, ihn oder sie näher kennen zu lernen. Also
beschließen Sie, auf diese Zuschrift zu antworten.

3

Die erste Antwort-Mail

Zuerst bedanken Sie sich für die nette Mail, das gehört sich einfach so. Und dann erzählen Sie ein wenig von sich. Machen Sie dabei jedoch nicht den Fehler, gleich Ihre gesamte Lebensgeschichte mitsamt all Ihren Verflossenen auszubreiten. Die Anonymität des Internets verführt gerne dazu, einem unbekannten Gegenüber in einer Mail das Herz auszuschütten. Aber stellen Sie sich vor, Sie hätten sich nicht online, sondern zum Beispiel in einem Café oder auf einer Party kennen gelernt. Da geben Sie doch auch nicht innerhalb von fünf Minuten Details aus Ihrem Intim-leben preis. Halten Sie es mit den ersten Mails noch wie beim Smalltalk. Unterhalten Sie sich über allgemeine Dinge und erzählen Sie über sich – aber nichts zu Persön-liches. Stellen Sie Fragen, die aber ebenfalls nicht zu sehr ins Private gehen. Fragen danach, was sich der oder die andere in einer Beziehung wünscht, sind erlaubt. Schließ-lich lernen Sie sich eben nicht „einfach so" kennen, son-dern verfolgen Ihr ureigenes Interesse. Wer auf der Suche nach einer langfristigen Beziehung ist, sollte das ruhig auch in der ersten Antwort-Mail erwähnen – Frauen können

Persönlich, aber nicht zu intim

damit Männer, die nur auf der Suche nach einem kleinen Abenteuer sind, abschrecken und so die Zahl der Zuschriften ausdünnen. Benutzen Sie dabei Formulierungen wie „Lockere Affären sind nichts für mich" oder „Ich möchte es lieber langsamer angehen lassen. Langfristig wünsche ich mir eine feste Partnerschaft." So weiß Ihr Gegenüber, was Sie sich wünschen, und Sie laufen nicht Gefahr, Zeit und Gefühle umsonst zu investieren.

Wie schnell sollten Sie antworten?

Welcher Zeitpunkt für eine Antwort ist der richtige? Sofort nach Erhalt oder sollten Sie lieber noch eine Weile warten? Hier macht sich schnell Unsicherheit breit: „Wenn ich sofort antworte, so denkt der oder die andere womöglich, ich wäre die ganze Zeit online und daher besonders ungeduldig oder verzweifelt. Aber wenn ich noch warte? Vermutlich hat er oder sie noch mit weiteren Personen Kontakt aufgenommen. Aber es soll auch nicht so aussehen, als hätte ich kein Interesse." Eine Patentlösung gibt es nicht. Halten Sie es so, wie Sie wollen. Es spricht nichts dagegen, sofort zurückzuschreiben, wenn ein Profil Sie wirklich anspricht. Doch niemand ist immer oder jeden Tag online und daher ist es verständlich, wenn es mit der Antwort ein wenig dauert. Länger als zwei bis drei Tage sollten Sie jedoch nicht warten. E-Mail ist nun einmal eine schnelle Kommunikationsform. Wenn Sie erst nach einer Woche auf eine Kontaktanfrage reagieren, erwecken Sie den Eindruck, Sie hätten diese Mail erst einmal zurückgestellt und zunächst diejenigen beantwortet, die Ihnen besser gefallen haben. Oder Sie signalisieren damit, dass Sie Ihre Mails nur selten abrufen und daher vielleicht auch nicht ernsthaft an der Partnersuche interessiert sind.

Wenn Sie intensiver in einem E-Mail-Austausch sind, so merken Sie auch, wie der oder die andere es mit den Antworten hält. Vielleicht beantworten Sie Mails ja immer

Nicht zu lange zögern

sofort, Ihr Kontakt lässt sich aber zwei bis drei Tage Zeit? Dann sollten auch Sie Ihr Tempo etwas zurückschrauben, damit sich der oder die andere nicht überfahren oder bedrängt fühlt. Anders sieht es aus, wenn Ihr Gegenüber nur selten antwortet und dann auch noch sehr kurz angebunden ist. Dann könnte es sein, dass er oder sie nicht wirklich an Ihnen interessiert ist.

Mit wie vielen Menschen Sie parallel kommunizieren möchten, bleibt Ihnen überlassen. Es spricht nichts dagegen, am Anfang mehrere Kontakte gleichzeitig zu pflegen, denn einige werden sich als Nieten herausstellen oder einschlafen, und so müssen Sie dann nicht wieder ‚bei Null' anfangen. Wichtig ist, dass Sie stets den Überblick über Ihre Kontakte behalten und sich nicht verzetteln. Mit der Zeit wird sich Ihre Kommunikation sowieso auf einige Favoriten beschränken – bis am Ende hoffentlich nur noch einer oder eine übrig bleibt.

Weitere Bilder und Anlagen versenden

Nicht selten werden Sie in den ersten Zuschriften um weitere Bilder gebeten. Dies kann passieren, weil der oder die andere sichergehen möchte, dass es sich bei Ihnen nicht um einen Fake handelt und Ihr Foto nicht schon zehn Jahre alt ist. Für solche Fälle sollten Sie ein paar weitere Bilder – allerdings unverfängliche – bereithalten. Bei Kontaktbörsen, die ein internes Mailsystem nutzen, können Sie oft zusätzlich zu den Bildern im Profil noch „private Bilder" abspeichern, auf die andere Nutzer und Nutzerinnen zunächst keinen Zugriff haben. Sie können diese Fotos dann per Mausklick in Ihre Mail einfügen. Wenn Sie dagegen über E-Mail kommunizieren, können Sie die Fotos als Anhang mit Ihrer Mail verschicken. Dazu müssen Sie in Ihrem E-Mail-Programm eine Option namens „Anlage einfügen" oder Ähnliches wählen. Technische Hinweise zum Versenden von Bildern erhalten Sie auf Seite 69 f.

Weitere Bilder bereithalten

Die Sache mit der Rechtschreibung

Die deutsche Rechtschreibung ist nicht gerade einfach –
und auch mit der Rechtschreibreform hat sich das nicht
wesentlich geändert. Trotzdem macht es einen schlechten
Eindruck, wenn es in Ihrer E-Mail vor Rechtschreibfehlern
nur so wimmelt. Wenn Sie es noch nicht verinnerlicht
haben, dass man „muß" nun „muss" schreibt, wird Ihnen
das niemand nachtragen, aber wenn Sie dauerhaft „das"
und „dass" verwechseln, zeigt dies, dass Sie auf korrekte
Rechtschreibung und Grammatik nur wenig Wert legen. Die
meisten E-Mail-Programme verfügen über ein Rechtschreibprogramm. Aktivieren Sie dieses Programm, denn es hilft
Ihnen, Ihre E-Mails in korrektem Deutsch zu verfassen.
Lesen Sie Ihre E-Mail noch einmal durch, bevor Sie sie
endgültig absenden. Oft befinden sich noch Buchstaben-
dreher oder falsche Groß- oder Kleinschreibungen darin,
die dem Rechtschreibprogramm nicht auffallen.

*Rechtschreib-
programm
aktivieren*

Dos und Don'ts im E-Mail-Verkehr

Das kommt beim Empfänger bzw. bei der Empfängerin gut an:

- Formulieren Sie einen interessanten **Einstiegssatz!**

- Lesen Sie das **Profil** der Person, für die Sie sich interessieren, durch und gehen Sie in Ihrer Mail darauf ein.

- Zeigen Sie **Interesse** an der anderen Person.

- Stellen Sie **Fragen**, aber noch nicht zu intim.

- Seien Sie **ehrlich**.

- Schreiben Sie so, wie Sie auch **sprechen**.

- Überprüfen Sie **Rechtschreibung und Grammatik** Ihrer E-Mail.

Das sollten Sie auf jeden Fall vermeiden:

- Versenden Sie keine **Standardtexte**.

- Werfen Sie nicht schon in der ersten Mail mit **Komplimenten** um sich.

- Schreiben Sie nicht **zu viele Mitglieder** auf einmal an.

- **Bitten** Sie nicht sofort um ein Treffen oder eine Telefonnummer.

- **Fragen** Sie nicht sofort nach dem Beruf oder den finanziellen Verhältnissen Ihres Gegenübers.

- **Schimpfen** Sie nicht über Ihre(n) Ex und jammern Sie nicht über die bösen Männer/Frauen.

3

Emoticons, Akronyme und Abkürzungen

Im Geschäftsleben gelten für E-Mails die gleichen Regeln wie für den Brief auf Papier: Groß- und Kleinschreibung werden eingehalten, am Anfang und Ende stehen Grußformeln und unverständliche Abkürzungen oder Smileys haben hier nichts verloren. Im privaten E-Mail-Verkehr sind diese Regelungen aufgeweicht, hier ist (fast) alles erlaubt. Auf eine Grußformel am Anfang und am Ende der E-Mail sollten Sie trotzdem nicht verzichten, denn das wirkt sonst unhöflich. Emoticons und Akronyme sollten Sie im privaten Mailverkehr sparsam einsetzen und auch nur dann, wenn Sie wissen, dass der oder die andere sie garantiert versteht. Vor allem in Ihrer ersten Mail zur Kontaktaufnahme sollten Sie eher etwas konservativ schreiben, denn wer gleich von Anfang an mit einer Fülle von Abkürzungen und Zeichen daherkommt, riskiert, von anderen eventuell nicht verstanden zu werden – je nachdem, wie viel Erfahrung im Zeichendschungel er oder sie mit sich bringt.

Sparsam einsetzen

Damit es bei Ihrer Partnersuche nicht zu Missverständnissen kommt, werden hier die wichtigsten Emoticons und Akronyme für Sie erklärt.

Emoticons

Ein Emoticon ist eine Zusammensetzung von Zeichen, die mit Hilfe der Computertastatur erstellt werden und einen bestimmten Gefühlszustand ausdrücken. Meist werden Satzzeichen wie Doppelpunkt, Komma, Klammern, Strichpunkt oder Bindestrich verwendet. Um sie korrekt lesen zu können, müssen Sie den Kopf nach links neigen. Aus einem Doppelpunkt, einem Bindestrich und einer Klammer wird so zum Beispiel das Zeichen :-) für Freude, das an ein lachendes Gesicht erinnert. Umgekehrt bedeutet das Emoticon :-(Traurigkeit. Wenn Sie etwas mit einem Augenzwinkern sagen – es also nicht ganz ernst meinen –, so wird das durch ;-) symbolisiert. Diese Emoticons, auch Smileys genannt, sind mittlerweile weit verbreitet und allgemein verständlich. Deshalb können Sie sie auch gerne in Ihren Flirtmails einsetzen. Die wichtigsten Emoticons sind:

Emoticon	Bedeutung
:-)	lustig, Freude
:-))	noch lustiger
:-)))	sehr lustig
:-D	lautes Lachen
:-(	traurig
:-((	noch trauriger
:-(((	sehr traurig
;-)	Augenzwinkern
:-I	gleichgültig
:-o	Erstaunen (Ausruf „Oh!")
:-P	herausgestreckte Zunge

Akronyme

Eine weitere Zusammensetzung von Zeichen, die auf den ersten Blick keinen Sinn zu ergeben scheint, ist das Akronym. Ein Akronym ist eine Abkürzung, die wiederum ein neues Wort ergibt. Ein Beispiel aus der Alltagssprache ist das Wort „TÜV". Es wurde aus den Anfangsbuchstaben von „**T**echnischer **Ü**berwachungs-**V**erein" zusammengesetzt und hat mittlerweile seinen festen Platz in der Alltagssprache gefunden. Für E-Mails und SMS haben sich eine ganze Reihe solcher Akronyme herausgebildet, die Standardfloskeln abkürzen sollen, so dass man nicht so viel Zeit zum Tippen braucht. Oft stammen sie aus dem Englischen und erschließen sich daher nicht gleich auf Anhieb. Damit sie nicht mit „normalen" Wörtern verwechselt werden, setzt man Akronyme in der Regel immer zwischen zwei Sternchen.

Beispiel: TÜV

Einige beliebte und bekannte Akronyme sind die folgenden:

Akronym	Bedeutung
asap	as soon as possible (so bald wie möglich)
bb	Bis bald
brb	be right back (bin gleich zurück)
cu	see you (bis bald oder tschüss)
cul	see you later (bis bald oder tschüss)
fg	Freches Grinsen
g	grins
gn8	Gute Nacht
hdgdl	Hab dich ganz doll lieb
ilu	I love you (Ich liebe dich)
ilu2	I love you, too (Ich liebe dich auch)
ka	Keine Ahnung
lg	Liebe Grüße
lol	laughing out loud (lautes Lachen)
mfg	Mit freundlichen Grüßen
rotfl	rolling on the floor laughing (sich vor Lachen auf dem Boden wälzen)
s	smile (lächeln)
thx	thanks (danke)
2l8	too late (zu spät)
wb	welcome back (willkommen zurück)
wysiwyg	what you see is what you get (du bekommst, was du siehst)

Abkürzungen

Neben diesen Emoticons und Akronymen, die hauptsächlich im E-Mail-Verkehr und in Online-Chats zu finden sind, gelten auch beim Online-Dating die ganz normalen Abkürzungen, die Sie aus den klassischen Kontaktanzeigen kennen. So bedeuten die Zahlen 35/174/57 die Angaben zu Alter, Größe und Gewicht und der Wohnort wird in der Regel mit dem Autokennzeichen wiedergegeben, um Platz

35/174/57 =
Alter, Größe,
Gewicht

zu sparen. Weitere Abkürzungen, die Sie kennen sollten, sind NR für „Nichtraucher", BBB für „Brille, Bart und Bauch" sowie ONS für „One-Night-Stand".

Stil und Etikette

Eine Frage, die immer wieder für Diskussionen sorgt, ist die Anrede mit „Du" oder „Sie". Im Internet hat sich – vermutlich aus dem angelsächsischen Sprachraum übernommen – die Anrede mit „Du" etabliert. Da gerade in Online-Kontaktbörsen die Menschen sowieso nur mit einem Nickname und nicht mit ihrem vollen Vor- und Nachnamen registriert sind, bietet es sich an, gleich von Anfang an „Du" zu sagen. „Sehr geehrter Australienfan, Ihr Profil hat mich angesprochen" klingt ja auch ein bisschen komisch, oder?

Und wenn Sie geduzt werden, dürfen Sie gerne zurückduzen. Die offiziellen Knigge-Regeln, wer wem das Du anbietet (zum Beispiel Ältere den Jüngeren), werden hier in der Regel außer Acht gelassen. Andererseits gilt auch: Lassen Sie sich von niemandem zum Du drängen. Wenn Ihnen die Nähe, die ein Du mit sich bringt, unangenehm ist, so stellen Sie das klar – oder brechen Sie den Kontakt ab, wenn der Absender bzw. die Absenderin der Mails nicht auf Ihren Wunsch nach ein wenig mehr Distanz eingeht.

3

Die amerikanische Variante
Eine Kompromisslösung ist hier die sogenannte „amerikanische Variante", die auch bei uns immer beliebter wird. Darunter versteht man die Anrede mit dem Vornamen in Kombination mit dem „Sie", also zum Beispiel „Schön, Sie kennen zu lernen, Johanna." Nach einer Schnupperphase können Sie dann immer noch entscheiden, ob Sie zum vertraulicheren Du übergehen.

Vermeiden Sie es nach Möglichkeit, in Ihren E-Mails Wörter in Großbuchstaben zu setzen. Im Internet ist dies nämlich gleichbedeutend mit Schreien und niemand wird gerne angeschrieen, schon gar nicht, wenn er oder sie auf Partnersuche ist.

Die Antwort-Funktion

Aus Ihrem Alltag kennen Sie es sicherlich schon: Am einfachsten antworten Sie auf eine E-Mail, indem Sie auf den „Antwort-" oder „Reply"-Button des E-Mail-Programms drücken. Weil Sie sich dann die Adresse und den Betreff sparen. Das ist praktisch, doch wird dabei auch der gesamte Text der vorhergehenden E-Mail unten angehängt. Liegt zwischen der ursprünglichen E-Mail und Ihrer Antwort viel Zeit, so kann das nützlich sein, denn so sieht der Empfänger bzw. die Empfängerin Ihrer Antwort noch einmal, was er oder sie ursprünglich geschrieben hat. Doch das wird beim Online-Dating nicht oft vorkommen. Das Problem hier ist nämlich, dass die Mails immer länger werden und somit auch an Umfang zunehmen, je öfter Sie auf diese Weise hin- und hermailen. Wenn Sie die Antwort-Funktion Ihres E-Mail-Programms nutzen, so sollten Sie zumindest die ganzen alten Texte herauslöschen – meist schaut diese sowieso kein Mensch mehr an. Viele Spam-Filter sortieren E-Mails, deren Betreffzeile mit „Re:" beginnt, auch automatisch aus, denn Versender von Werbemüll nutzen diese Funktion oft, um vorzugaukeln, es handle sich um eine Antwort auf eine Mail.

3

Charakteristisch für die Kommunikation per E-Mail ist, dass man nur das geschriebene Wort vor sich hat. Um andere Stimmungen und Gefühle zu verdeutlichen, wurden die bereits erwähnten Emoticons geschaffen. Mit diesen können Sie Ihre Stimmung zusätzlich unterstreichen, damit keine Missverständnisse aufkommen. Vorsicht ist jedoch prinzipiell bei Ironie angebracht. Einige Menschen haben mit dieser Spielart des Humors von Haus aus ihre Schwierigkeiten und können sie selbst bei einem Gespräch von Angesicht zu Angesicht nicht oder nur schwer verstehen. In einer E-Mail ist Ironie noch schwerer zu vermitteln, da Ihnen hier die Körpersprache – die Stimme und ein entsprechendes Lächeln oder Augenzwinkern – fehlt. In diesen Fällen kann es sehr leicht zu Missverständnissen kommen. Halten Sie sich also mit ironischen Formulierungen am Anfang noch zurück. Mit der Zeit werden Sie schon merken, ob der oder die andere etwas damit anfangen kann oder nicht.

Interne Mailsysteme

Einige Anbieter verfügen über ein internes Nachrichtensystem, das in etwa so funktioniert wie ein Gästebuch auf einer Internetseite. Jedes Mitglied hat hier sozusagen eine eigene Pinnwand, auf der andere Mitglieder unter ihrem Nickname Nachrichten hinterlassen können. Einsehbar sind diese Nachrichten dann nur für Sie. Sie brauchen dazu also keine eigene E-Mail-Adresse, können die Nachrichten aber nur abrufen, wenn Sie sich bei Ihrer Kontaktbörse einloggen. Damit Ihnen auch ja nichts entgeht, bieten manche Kontaktbörsen wiederum an, Sie über eine E-Mail oder SMS zu informieren, wenn eine neue Nachricht in Ihrer internen Mailbox eingegangen ist. Wenn Sie sich für einen solchen Service entscheiden, sollten Sie im Vorfeld genau überprüfen, mit welchen Kosten dieser verbunden ist. Gerade SMS können leicht zur Kostenfalle werden.

Benachrichtigungsservice

Das „Flirt-Match"

Einige Kontaktbörsen ermöglichen es ihren Mitgliedern, einfach über einen Mausklick Kontakt zu einem anderen Mitglied aufzunehmen und diesem so zu signalisieren, dass Interesse besteht (bei „Match" heißt dies „Zwinker", bei „neu.de" „Flash"). Das andere Mitglied erhält dann nur die Nachricht, dass Mitglied XY an ihm interessiert ist – sonst nichts. Es liegt nun an ihm oder ihr, sich das Profil von Mitglied XY anzusehen und gegebenenfalls Kontakt aufzunehmen. Da diese Flirt-Matches innerhalb einer Sekunde mit einem Mausklick versendet werden können, kann ein Mitglied so in kürzester Zeit Kontakt mit einer Vielzahl anderer Mitglieder aufnehmen – und viele tun das auch. Bei den Empfängern kommen diese Massenklicks ohne Textzusatz aber ungefähr ebenso gut an wie gesichtslose Massen-E-Mails.

Kontakt über unpersönliche Benachrichtigung

Deshalb gilt: Wenn Ihre Kontaktbörse oder Partnervermittlung über eine solche „Flirt-Match"-Möglichkeit verfügt, so sollten Sie immer ein paar persönliche Worte anfügen. Dies zeigt, dass Sie wirklich an einer Person interessiert sind und nicht nur durch ein versehentliches Fingerzucken die Maustaste gedrückt haben.

Doch was schreiben Sie hier? An erster Stelle sollte auch bei einem Flirt-Match eine kurze Anrede stehen, denn sonst wirkt Ihre Nachricht gefühllos. Wie wäre es zum Beispiel mit einem einfachen „Hallo XY" oder „Herzliche Grüße nach München"? Wie bei der Kontaktaufnahme per E-Mail geben Sie einige persönliche Details über sich preis, stellen Fragen und plaudern ein wenig. Schließen Sie auch hier wieder mit dem Wunsch, eine Nachricht zu bekommen, und verabschieden Sie sich freundlich.

Text anfügen

Alles über das Chatten

Der Begriff „chat" kommt wie so vieles im Internet aus dem Englischen und bedeutet „plaudern". Die meisten Kontaktbörsen bieten eigene Chaträume, in denen sich Mitglieder „unterhalten" können. Die Kommunikation läuft ähnlich ab wie per E-Mail, nur sehen Sie die Antworten direkt auf Ihrem Bildschirm. So wird die Kommunikation spontaner und direkter. In einem Chatroom können beliebig viele Personen miteinander sprechen. Wollen Sie ein Gespräch unter vier Augen – oder besser gesagt: zwanzig Fingern – führen, so können Sie sich in ein Séparée begeben, zu dem andere Mitglieder keinen Zutritt haben. Die meisten Kontaktbörsen zeigen an, welche ihrer Mitglieder gerade online sind, so dass Sie eine Person ansprechen und in einen Chatroom, über den fast alle Kontaktbörsen verfügen, einladen können. Wenn Sie mit einem anderen Mitglied schon ein paar E-Mails ausgetauscht haben und Ihnen dies auf Dauer zu mühsam wird, können Sie sich gezielt zum Chatten verabreden. Machen Sie per Mail einen Zeitpunkt aus, zu dem Sie sich beide bei der Kontaktbörse einloggen, und unterhalten Sie sich dann im Netz.

Manche Mitglieder laden Sie sehr schnell in einen privaten Chatroom ein, zum Beispiel, weil Ihre E-Mail-Adresse angeblich öfter Mails unterschlägt. Prüfen Sie vorab, ob dieser Chatroom nicht etwa kostenpflichtig ist, denn das ist eine beliebte Masche von Lockvögeln. Vor allem bei SMS-Flirtlines kommt dies häufig vor.

Technische Hinweise

Chat-Programm
zum Herunter-
laden

Zum Chatten benötigt man meist ein spezielles Programm, ein sogenanntes „IRC-Protokoll", das man sich bei den Kontaktbörsen schnell und unkompliziert herunterladen kann. Meist führt von der Startseite ein Link namens „Chat" auf die entsprechende Seite.

Natürlich kann auch ein Chat nicht das Gespräch unter vier Augen, den Blickkontakt, die Mimik und Gestik ersetzen. Im Gegenteil: Gerade für Menschen, die sonst nicht viel am Computer sitzen, kann das Tippen sehr mühsam sein. Schlagfertige Kommentare oder Wortwitz sind oft nicht ganz einfach zu übermitteln, da es beim Tippen zu Verzögerungen kommt. Dazu kommt noch, dass eine Aussage, die einmal Schwarz auf Weiß auf dem Bildschirm steht, so schnell nicht mehr zurückgenommen oder relativiert werden kann. Und dann ist da ja auch noch die Sache mit den

Üben erlaubt

blöden Tippfehlern! Hier bleibt nur ein Trost: Mit der Zeit werden Ihre Finger gelenkiger und flinker werden, es ist alles nur eine Sache der Übung. Und Rechtschreibfehler werden in einem Chat viel schneller verziehen als in einer E-Mail oder gar einem förmlichen Brief.

Sicherheit beim Chat

Natürlich treten Sie in einem Chatroom nicht unter Ihrem richtigen Vor- und Nachnamen auf, sondern legen sich ebenfalls wieder einen Nickname zu. Wenn Sie im Chatroom Ihrer Kontaktbörse unterwegs sind, so ist dieser Nick derselbe, den Sie dort generell verwenden – schließlich müssen die anderen Mitglieder ja wissen, wen sie da vor sich haben. In anderen Chatrooms können Sie Ihren Nick jedoch frei wählen. Hier gilt: Wählen Sie keinen Nick, der andere Mitglieder beleidigt. Auch erotische Namen sind meist nicht erlaubt. Und noch eins ist wichtig: Man sollte an Ihrem Namen erkennen können, ob Sie ein Mann oder eine Frau sind. Nicht dass es hier zu Missverständnissen kommt!

Achten Sie darauf, welche Informationen Sie in einem Chatroom preisgeben. Auch wenn Sie sich nur mit einem bestimmten Mitglied unterhalten möchten, sind trotzdem noch andere Nutzer und Nutzerinnen online und können Ihr Gespräch „belauschen". Intime oder persönliche Informationen sollten Sie, wenn überhaupt, nur in einem Séparée preisgeben.

Geht Ihnen ein Gespräch oder ein bestimmtes Mitglied auf die Nerven, so zögern Sie nicht und verlassen Sie den Chatroom – allerdings nicht, ohne sich kurz zu verabschieden. Auf der Straße unterhalten Sie sich ja auch nicht mit jedem. Ziehen Sie auch online einen klaren Schlussstrich, wenn ein Gespräch eine Richtung einschlägt, die Sie nicht wünschen, oder Sie sich belästigt oder bedrängt fühlen.

Stil und Etikette

Nicht nur bei Gesprächen von Angesicht zu Angesicht, sondern auch bei der Kommunikation in Chatrooms gibt es einige Regeln, die beachtet werden wollen. Grundsätzlich gilt: Seien Sie in Chatrooms höflich und freundlich. Was machen Sie im echten Leben, wenn Sie in einen Raum kommen, der voll ist mit Menschen, auf einer Party, im Wartezimmer des Zahnarztes oder im Fahrstuhl Ihrer Firma? Sie grüßen die anderen kurz, und genauso machen Sie es auch, wenn Sie einen Chatroom betreten. Ein kurzes „Hallo" genügt hier. Ebenso sollten Sie sich verabschieden, wenn Sie den Chatroom wieder verlassen.

Regeln beachten

Wenn Sie angekommen sind und die anderen kurz gegrüßt haben, so hören Sie erst einmal eine Weile zu: Wer ist noch anwesend? Um welches Thema geht es? Welche Stimmung herrscht gerade? Mischen Sie sich nicht sofort in ein laufendes Gespräch ein, sondern sondieren Sie erst einmal die Lage. Im echten Leben kommen Sie ja auch nicht auf eine Party und reißen sofort das ganze Gespräch an sich. Anders verhält es sich, wenn Sie von den anderen gezielt angesprochen werden. Dann dürfen Sie sich natürlich vorstellen oder Ihre Meinung zum Thema äußern.

Erst umschauen, dann mitreden

Wie beim Mailen sollten Sie auch beim Chatten vorsichtig mit Humor und Ironie umgehen. Dies ist schriftlich sehr viel schwerer zu vermitteln, als von Angesicht zu Angesicht und wird nicht von allen Menschen gleich gut verstanden. So kann eine ironische oder flapsige Bemerkung beleidigend wirken und schon haben Sie einen Streit vom Zaun gebrochen. Selbst augenzwinkernde Smileys als Ausdruck für einen Scherz oder ein Akronym wie *lol* für Lachen hilft hier nicht unbedingt, denn nicht alle können damit etwas anfangen. Und es ist nicht leicht, eine Sache in einem Chatroom wieder geradezubiegen.

> Ein Chatroom ist kein straffreier Raum. Passen Sie also auf, was Sie sagen. Beleidigungen, Verleumdungen, rassistische oder pornografische Aussagen werden auch hier geahndet und haben in öffentlichen Chatrooms nichts zu suchen. Ein Chat ist nämlich keinesfalls so anonym, wie Sie denken. So wird hier Ihre IP-Adresse gespeichert, über die man Ihren Internet-Provider herausfinden kann. Und dieser wiederum kennt die Telefonnummer, über die Sie sich eingewählt haben – und das wird im Normalfall Ihre eigene sein.

Wie bereits erwähnt, spielt die Rechtschreibung in Chatrooms eine weniger wichtige Rolle als im E-Mail-Verkehr. Beim Chat geht es eben meistens schnell und da kann schon einmal der eine oder andere Tippfehler unterlaufen. Gerade wegen dieser hohen Geschwindigkeit sind im Chat die bereits erwähnten Akronyme und Emoticons besonders beliebt. Mit ein paar Zeichen oder Buchstaben lässt sich hier etwas schnell auf den Punkt bringen. Auch die Groß- und Kleinschreibung bleibt beim Chatten oft auf der Strecke, denn damit ist schon wieder ein Tastendruck gespart. Wörter in Großbuchstaben bedeuten wie in der E-Mail Schreien. Setzen Sie diese also nur spärlich ein. Das Gleiche gilt für Hervorhebungen wie Fettschrift.

3

Chatten im Netz

Nicht nur in Kontaktbörsen wird im Internet gechattet, was das Zeug hält. Wer gerne online mit Hinz und Kunz plaudert, findet zu fast jedem nur erdenklichen Thema einen Chatroom. Geben Sie einmal bei Google das Wort „Chat" plus Ihr Hobby ein. Wetten, dass Sie hier garantiert fündig werden? Es macht nicht nur Spaß, sich mit Menschen aus

ganz Deutschland oder auch aus der ganzen Welt über sein Hobby auszutauschen – nicht selten wurden in solchen Chatrooms Freundschaften und sogar Ehen geschlossen. Beschreiten Sie bei der Partnersuche auch ungewöhnliche Wege. Das Glück kann Sie schließlich überall finden!

Hobby-Chats

Chatmöglichkeiten finden Sie zum Beispiel unter
www.webchat.de, einem Verzeichnis deutschsprachiger
Chats. Um sich dort anzumelden, brauchen Sie nur einen
Anmeldung Nickname, ein Passwort (das Sie sich selbst aussuchen
können) und eine E-Mail-Adresse, die ebenfalls wieder
anonym sein sollte. Mit diesen drei Dingen haben Sie sich
in Sekundenschnelle angemeldet und können sofort drauf-
los plaudern. Doch vor allem wer zum ersten Mal chattet,
sollte anfangs nur zuschauen, um die Regeln des Chattens
kennen zu lernen. Vielleicht sind Sie erst einmal enttäuscht, weil Sie sich unter diesem Chatroom etwas anderes vorgestellt hatten. Dann vergessen Sie nicht, dass die
Qualität eines Chatrooms nur so sein kann wie die Leute,
die gerade online sind. Vielleicht haben Sie einfach nur
einen ungünstigen Augenblick erwischt? Wenn Sie sich das
nächste Mal einloggen, sind vielleicht andere Menschen
online und Ihnen gefällt es gleich viel besser. Bevor Sie
einen Chatroom komplett abschreiben, sollten Sie ihn erst
einmal kennen lernen. Loggen Sie sich zu verschiedenen
Zeiten ein und beobachten Sie die Zusammensetzung der
Mitglieder. Gibt es Menschen, die ständig online sind und
alle Gespräche dominieren? Oder stoßen Sie dort auf Mitglieder, die eher auf Ihrer Wellenlänge liegen? Erst wenn
Sie das Geschehen eine Zeit lang beobachtet haben und

dann immer noch der Meinung sind, dass Sie dort fehl am Platz sind, sollten Sie sich auf die Suche nach einem neuen Chatroom begeben. Nicht nur in der Liebe braucht man manchmal mehrere Anläufe, bis man Mr. oder Mrs. Right gefunden hat!

Chatten mit einem Messenger

Ein Messenger ist ein Computerprogramm, mit dem Sie im Internet direkt mit anderen Menschen kommunizieren können. Ein solches Programm müssen Sie sich allerdings zuerst herunterladen und auf Ihrem Computer installieren. Bekannte Messenger sind zum Beispiel msn (von Microsoft), AIM von AOL, der Yahoo-Messenger oder ICQ (gesprochen „I seek you" = Ich suche dich). Auch dort brauchen Sie wiederum einen Nickname und ein Passwort. Im Unterschied zu den öffentlichen Chatrooms können Sie über einen Messenger immer nur mit einer Person reden (allerdings können Sie mehrere Gespräche in verschiedenen Fenstern parallel laufen lassen, sollten dann aber aufpassen, dass Sie nicht durcheinander kommen). Andere Menschen können diese Unterhaltungen dann nicht mitlesen. Diese Art der Kommunikation eignet sich nicht unbedingt zur Partnersuche, sondern vor allem dann, wenn Sie mit einem Kandidaten oder einer Kandidatin bereits Kontakt per E-Mail hatten. Sind Sie sich sympathisch, so können Sie sich zum Chatten über den Messenger verabreden und von Anfang an unter vier Augen miteinander sprechen. Wenn Sie den Nickname Ihrer Bekanntschaft kennen, können Sie im Messenger gezielt nach dieser Person suchen und bekommen dann eine Meldung, wenn er oder sie online ist. Außerdem können Sie ein Verzeichnis Ihrer Freunde und Bekannten anlegen. Wenn Sie sich dann in den Messenger einloggen, erfahren Sie automatisch, welche davon gerade ebenfalls online sind, und können dann Kontakt aufnehmen.

Unter vier
Augen chatten

3

Die wichtigsten Online-Kontaktbörsen

Bisher haben Sie viele wichtige Dinge rund um die Partnersuche im Internet erfahren. Aber wo genau sollen Sie
suchen? Ob und wo genau Sie Ihren Traumpartner oder
Ihre Traumpartnerin finden, kann Ihnen natürlich kein
Buch der Welt verraten. Aber dieses Buch stellt Ihnen
zumindest die wichtigsten (und seriösen) deutschen Kontaktbörsen und Partnervermittlungen vor. Um herauszufinden, welche für Sie am besten geeignet ist, hilft nur eines:
ausprobieren! Die Anordnung ist übrigens kein Ranking,
sie erfolgt rein alphabetisch. Steckbriefe der Online-Partnervermittlungen finden Sie ab Seite 162.

Dating-Café (www.datingcafe.de)

Die Zeitschrift „ComputerBild" erklärte diese Kontaktbörse
in den Jahren 2003 und 2006 zum Testsieger unter den
Singlebörsen. Sie wendet sich gezielt an Mitglieder mit
gehobenem Niveau. Wer im Dating-Café unterwegs ist,
kann sich sicher sein, dass die Mitglieder wirklich existieren, denn bei der Anmeldung wird mittels einer Kopie des
Personalausweises die Echtheit der Daten überprüft. Ausnahmen bilden Mitglieder, die sofort bezahlen – sie werden nur anhand der Kontodaten überprüft. Überprüfte Mitglieder sind an einem „Echtheits-Siegel" zu erkennen.

Anzahl der registrierten Mitglieder: 950.000
Pro Tag registrieren sich rund 800 neue Mitglieder.

Verhältnis männlich / weiblich: 48 : 52

Alter der Kernzielgruppe: 25 bis 55 Jahre;
Mindestalter 18 Jahre

Durchschnittsalter der Mitglieder:
Frauen 39 Jahre, Männer 38 Jahre

Für Frauen unter 45 Jahren ist das Angebot von Dating-Café
generell kostenlos. Für Männer und Frauen über 45 ist die
Mitgliedschaft einen Monat lang gratis. Während dieser
Zeit können sie eine Kontaktanzeige mit Foto aufgeben,
alle Suchfunktionen nutzen, Flirtmails senden und empfangen sowie alle sonstigen Angebote der Kontaktbörse
nutzen.

Ab dem zweiten Monat werden Gebühren fällig, die folgendermaßen gestaffelt sind:

3

Dauer der Mitgliedschaft	Preis in Euro
1 Monat	18,90
3 Monate	39,90
6 Monate	59,90
12 Monate	88,90

Für alle gleichermaßen kostenpflichtig ist die Teilnahme an Events. Diese sind in den normalen Gebühren nicht enthalten und kosten zwischen 25 und 50 Euro. Die Bezahlung erfolgt über Kreditkarte, Überweisung oder – laut Angabe des Anbieters – auch per Übersendung von Bargeld im Briefumschlag. Nach Ablauf des gebuchten Zeitraums verlängert sich die Mitgliedschaft nicht automatisch.

Bei Dating-Café kann nur ein einziges Foto veröffentlicht werden. Die Mitglieder können bestimmen, ob alle oder nur ausgewählte Mitglieder dieses Foto sehen dürfen. Der Fragebogen zur Person ist relativ knapp gehalten, darüber hinaus gibt es die Möglichkeit, einen freien Text einzutragen. Außerdem können Tonaufnahmen im MP3- oder MIDI-Format oder Videos hinterlegt werden.

Mitglieder können selbst auf die Suche gehen und Kontakt zu anderen Mitgliedern aufnehmen, bekommen aber auch passende Vorschläge per E-Mail zugeschickt (ohne Foto).

Weitere Dienste:
- internes Mailsystem
- Vorstellung neuer Mitglieder
- verschiedene Events innerhalb der Community: Partys, Blind-Date-Dinner, Singlereisen, Seminare und Ähnliches
- „Wer ist online?"-Funktion
- verschiedene zusätzliche Funktionen zur Kontaktaufnahme, z. B. SMS, Videochat
- Privat-Chat
- Benachrichtigung per E-Mail oder SMS, wenn eine neue Flirtmail eingegangen ist
- Ignorierliste
- Favoritenliste
- kostenlose Überarbeitung von Fotos, die per E-Mail zugesendet werden
- Scanservice (ab 5 Euro pro Bild)
- Kundensupport per E-Mail und Telefon

Bewertung:
www.singleboersen-vergleich.de:
4 von 5 Sternen (Februar 2008)
Stiftung Warentest: befriedigend
(Note 3,4 im Oktober 2005)

3

Finya (www.finya.de)

Die Kontaktbörse Finya ist eine der wenigen Kontaktbörsen, die kostenlos und trotzdem seriös ist. Auch verfügt
sie über ein ausgereiftes Suchsystem. In den Profilen sind
nicht nur Standardangaben über die Mitglieder zu finden,
sondern auch Antworten auf Fragen wie „Haben Sie noch
Träume?" oder „Welche sind Ihre Schwächen?".

Anzahl registrierter Mitglieder: 650.000

Verhältnis männlich / weiblich: 45 : 55

Alter der Kernzielgruppe: 25 bis 45 Jahre;
Mindestalter 18 Jahre

Durchschnittsalter der Mitglieder:
Frauen 34 Jahre, Männer 36 Jahre

Das Angebot von Finya ist für Männer und Frauen komplett
kostenlos: Die Mitgliedschaft kann jederzeit gekündigt
werden.

Weitere Dienste:
- internes Mailsystem
- Chat
- Gästebuch
- „Wer ist online?"-Liste
- Ignorierliste
- Favoritenliste
- „Flaschenpost": Sie können eine Nachricht verfassen,
  die dann an ein zufälliges Mitglied gesendet wird, das
  gerade online ist (Einschränkungen hinsichtlich
  Geschlecht, Alter, Wohnort, Größe und Haarfarbe
  können gemacht werden)

Bewertung:
www.singleboersen-vergleich.de:
noch nicht bewertet
Stiftung Warentest:
befriedigend (Note 3,0 im Oktober 2005)

3

Freenet Singles (www.singles.freenet.de)

Die Seite www.singles.freenet.de rühmt sich, Deutschlands beliebteste Partnerbörse zu sein. Sie ging im Jahr 2001 online und war lange Zeit komplett kostenlos. Diese Strategie ging im Laufe der Zeit allerdings auf Kosten der Qualität: Es fanden sich unzählige Fakes. 2005 unternahm die Singlebörse jedoch einen kompletten Neustart und konnte sich damit unter den seriösen Kontaktbörsen etablieren. Größtenteils stammen die Mitglieder aus der Freenet-Community, viele kommen auch aus den neuen Bundesländern. Texte und Bilder von neuen Mitgliedern werden bei Freenet redaktionell geprüft, es finden sich daher heute nur noch wenige Fakes in dieser Community.

Anzahl registrierte Mitglieder: 1,5 Millionen
Pro Tag registrieren sich rund 2.500 neue Mitglieder.

Verhältnis männlich / weiblich: 61 : 39

Alter der Kernzielgruppe: 18 bis 45 Jahre;
Mindestalter 16 Jahre

Durchschnittsalter der Mitglieder:
Frauen 33 Jahre, Männer 34 Jahre

Bei Freenet finden sich auch Kontaktanzeigen für Lesben und Schwule; eine entsprechende Suchfunktion ist vorhanden.

Einer Kontaktanzeige bei Freenet können Sie bis zu fünf Fotos beilegen und bestimmen, welches in der Kontaktanzeige erscheinen soll. Außerdem müssen Sie einen knappen Fragebogen zu Ihrer Person und Ihren Wunschvorstellungen ausfüllen. Darüber hinaus gibt es auch einige freie Fragen. Neu sind zehn vorgegebene Fragen.

3

Alle Mitglieder können kostenlos eine Kontaktanzeige mit Foto aufgeben. Außerdem können sie am Matching teilnehmen, die Suchfunktionen der Kontaktbörse nutzen und Flirtmails lesen. Gebühren werden nur für Männer fällig, die mit Frauen in Kontakt treten möchten, also selbst Flirtmails versenden und beantworten möchten. Die Gebühren sind dann folgendermaßen gestaffelt:

Dauer der Mitgliedschaft	Preis in Euro
1 Monat	9,90
3 Monate	23,70
12 Monate	58,80

Die Bezahlung erfolgt über Kreditkarte oder Bankeinzug. Die Kündigungsfrist beträgt 14 Tage vor Ablauf des gebuchten Zeitraums. Halten Sie diese nicht ein, so verlängert sich Ihre Mitgliedschaft automatisch.

Weitere Dienste:
- internes Mailsystem
- Matching: Die Mitglieder erhalten Partnervorschläge, die mit ihren Suchkriterien übereinstimmen. Diese werden bei jedem Login angezeigt oder auf Wunsch per E-Mail zugeschickt
- auf Wunsch Benachrichtigung, wenn eine neue Flirtmail eingegangen ist
- Ignorierliste
- Favoritenliste
- Single-Forum
- Model-Casting: Wer Model werden möchte, kann hier seine Chancen testen
- „Wer ist online?"-Funktion
- Kontaktaufnahme per SMS
- Single-Events

Bewertung:
www.singleboersen-vergleich.de:
4 von 5 Sternen (Februar 2008)
Stiftung Warentest:
nicht bewertet

FriendScout24 (www.friendscout24.de)

Die Seite FriendScout24 ist die größte deutsche Kontaktbörse, sie hat die meisten registrierten Mitglieder. Doch
neben Quantität zeichnet sie sich auch durch Qualität aus.
Seriosität wird hier großgeschrieben – FriendScout24 ist
die erste TÜV-geprüfte Singlebörse Deutschlands. Zusätzlich besticht die Seite durch hervorragende Zusatzdienste
und eine ausgezeichnete Suchfunktion. Auch ist sie leicht
zu bedienen. Nicht nur deswegen wurde FriendScout24
von der Zeitschrift „tomorrow" gleich dreimal zum Testsieger unter den Flirtbörsen gekürt: in den Jahren 2003,
2004 und 2005. Bei FriendScout24 finden sich nur wenige
Fakes, da Bilder redaktionell geprüft werden. Auch Texte
werden einer – allerdings automatisierten – Überprüfung
unterzogen. Außerdem erscheinen Sie bei FriendScout24
unter einem kompletten Pseudonym; Ihre Anonymität ist
also gewährleistet.

Anzahl registrierte Mitglieder: über 7 Millionen (davon ca.
5 Millionen aus Deutschland). Pro Tag melden sich rund
9.000 neue Mitglieder an. Weitere Mitglieder stammen
aus Österreich, der Schweiz, Italien und Spanien.

Verhältnis männlich / weiblich: 57 : 43

Alter der Kernzielgruppe: 25 bis 44 Jahre;
Mindestalter 18 Jahre

Durchschnittsalter der Mitglieder:
Frauen 29 Jahre, Männer 34 Jahre

Bei FriendScout24 können Sie Ihrer Kontaktanzeige fünf
Bilder beilegen. Zusätzlich gibt es neuerdings die Möglichkeit, fünf VIP-Bilder einzustellen, die nur von ausgewählten Mitgliedern gesehen werden dürfen. Dazu gibt es

3

einen umfangreichen Fragenkatalog zu Ihrer Person und Ihren Wünschen und Vorstellungen. 25 freie Fragen (zum Beispiel „Was würden Sie auf eine einsame Insel mitnehmen?") und eine VIP-Frage, die nur von ausgewählten Mitgliedern eingesehen werden kann, runden das Profil ab.

Kostenlos können Mitglieder hier Kontaktanzeigen mit Foto (bis zu fünf Bilder) aufgeben und die vollen Suchfunktionen von FriendScout24 nutzen. Außerdem können sie auf Flirtmails und Einladungen zum Privat-Chat von Premium-Mitgliedern antworten. Wer allerdings selbst mit anderen Mitgliedern in Kontakt treten möchte, muss eine Premium-Mitgliedschaft abschließen. Dann steht auch eine verbesserte Suchfunktion zur Verfügung, in der Sie bei Mitgliedern, die gerade online sind, suchen können. Auch die 25 Fragen sind nur für zahlende bzw. weibliche Mitglieder zugänglich. Die Kosten für eine Premium-Mitgliedschaft sind folgendermaßen gestaffelt:

Dauer der Mitgliedschaft	Preis in Euro
1 Monat	29,95
3 Monate	59,95
6 Monate	95,70

Die Bezahlung erfolgt über Kreditkarte, Bankeinzug, T-Pay oder Firstgate (⋯⋗ Seite 45 f.). Wenn Verträge nicht fristgemäß gekündigt werden, verlängern sie sich automatisch.

Weitere Dienste:
- internes Mailsystem
- „Wer ist online?"-Funktion
- Privat-Chat
- Online-Kontakt-Arena, die rund um die Uhr aktiv ist und täglich von über 100.000 Mitgliedern besucht wird. Hier können Sie Mitglieder, die gerade online sind, direkt zu einem Privat-Chat einladen

- wöchentliche Flirtstatistik, die unter anderem darüber informiert, wie oft Ihr Profil angeschaut wurde
- VIP-Bereich: Hier können Sie die 26. Frage („Was kaum jemand von mir weiß…") beantworten und fünf zusätzliche Bilder einstellen. Sie selbst dürfen bestimmen, wer diese Informationen sehen darf
- Flirtagent: hilft bei der Suche nach dem passenden Flirtpartner oder der -partnerin und macht Ihnen entsprechende Vorschläge
- Flirtkontakt: Dieser kann an ein Mitglied gesendet werden und enthält keinen Text, sondern soll auf Ihre Kontaktanzeige aufmerksam machen
- Benachrichtigung bei Eingang einer neuen Flirtmail
- Ignorierliste (bis zu 100 Profile können gesperrt werden)
- Favoritenliste
- Fotogalerien
- kostenlose Überarbeitung von Fotos, die per E-Mail zugesendet werden
- Kundensupport per E-Mail und Telefon-Hotline (0,12 Euro/Minute)

Bewertung:
www.singleboersen-vergleich.de:
5 von 5 Sternen (Februar 2008)
Stiftung Warentest:
befriedigend (Note 3,2 im Oktober 2005)

Der TÜV überprüft auch Kontaktbörsen und Partnervermittlungen hinsichtlich ihrer Qualität, Sicherheit und Transparenz. Nur wer bestimmte Anforderungen erfüllt, darf sich mit dem „Safer-Shopping"-Zertifikat schmücken. Unter anderem werden hier die Bedienbarkeit der Website, die Sicherheit der personenbezogenen Informationen und die Bestellabwicklung genau unter die Lupe genommen.

iLove (www.ilove.de)

Die Kontaktbörse iLove wirbt mit dem Slogan „Dating, Flirten, Freunde finden" und wendet sich hauptsächlich an eine jüngere Zielgruppe. Menschen zwischen 16 und 35 Jahren sollen hier angesprochen werden, dementsprechend ist auch die Aufmachung der Seite. Trotz dieser Einschränkung gehört sie zu den größten deutschen Kontaktbörsen und Online-Communitys. Das Besondere an iLove ist, dass die Seite keine reine Kontaktbörse, sondern auch eine allgemeine Chat-Seite ist. Deshalb tummeln sich hier nicht nur Singles, sondern auch Menschen in Partnerschaften, die einfach nur plaudern oder neue Leute kennen lernen möchten. Seit einiger Zeit werden Bilder redaktionell und Texte automatisiert geprüft – die Zahl der Fakes hat seitdem erheblich abgenommen.

Anzahl registrierter Mitglieder: 5 Millionen, darunter 3 Millionen Singles. Pro Tag melden sich rund 6.000 neue Mitglieder an.

Verhältnis männlich / weiblich: 59 : 41

Alter der Kernzielgruppe: 19 bis 35 Jahre; Mindestalter 16 Jahre

Durchschnittsalter der Mitglieder: Frauen 27 Jahre, Männer 28 Jahre

Die Seite ist auch für Lesben und Schwule geeignet.

Bei iLove können Sie fünf Bilder einstellen und diese auch kommentieren. Auf Wunsch können Sie die Fotos nur für ausgewählte Mitglieder sichtbar machen. Außerdem müssen Sie einen Fragebogen mit Fragen zu Ihrer Person und

Ihren Wünschen und Vorstellungen ausfüllen. Zusätzlich gibt es 25 vorgegebene Fragen, auf die Sie mit freien Texten antworten können (zum Beispiel: „Was macht meinen Traummann / meine Traumfrau aus?"). Wer möchte, kann der Anzeige auch eine Sprachaufnahme beifügen. Danach können Sie nicht nur selbst auf die Suche gehen, sondern iLove wählt auch passende Singles für Sie aus und stellt Ihnen die Vorschläge per E-Mail zu.

Für Frauen ist die Seite komplett kostenlos, sie können alle Funktionen von iLove in vollem Umfang nutzen, ohne etwas bezahlen zu müssen. Männer können kostenlos Kontaktanzeigen mit Fotos aufgeben, die Suchfunktionen der Seite nutzen, auf Wunsch am Casting (⋯⫶ „Weitere Dienste") teilnehmen und den kompletten Service von iLove mobil nutzen. Wenn Männer selbst im Internet

3

aktiv werden und flirten, chatten oder Flirtmails beantworten möchten, wird dafür eine wöchentliche Gebühr
von 4,99 Euro fällig, die über die Handyrechnung beglichen wird. Die Mitgliedschaft ist wöchentlich kündbar.

Weitere Dienste:
- internes Mailsystem
- „Wer ist online?"-Funktion
- Verschicken von „virtual kisses": Mit einer kurzen
  Nachricht ohne individuellen Text zeigen Sie einem
  anderen Mitglied, dass Sie interessiert sind.
- Wer ein WAP- oder JAVA-fähiges Handy hat, kann iLove
  ohne zusätzliche Kosten mobil nutzen (von den norma-
  len Handygebühren abgesehen)
- Benachrichtigung per E-Mail, wenn eine neue Flirtmail
  eingegangen ist
- Ignorierliste
- Favoritenliste
- Privat-Chat
- Online-Freundeskreise
- Bildergalerien
- Model- / TV-Casting: Wer sich zum Model oder TV-Star
  berufen fühlt, kann hier seine Chancen testen
- kostenlose Überarbeitung von Fotos, die per E-Mail oder
  auf dem Postweg zugesendet werden
- Kundensupport per Telefon-Hotline (0,12 Euro/Minute)

Bewertung:
www.singleboersen-vergleich.de:
4 von 5 Sternen (Februar 2008)
Stiftung Warentest:
befriedigend (Note 2,7 im Oktober 2005)

Match (www.match.de)

Die Internetseite www.match.de ist der deutschsprachige
Ableger der ursprünglich amerikanischen Kontaktbörse
www.match.com, die sich zum weltweit erfolgreichsten
Online-Dating-Service entwickelt hat: Über 20 Millionen
Menschen sind dort in 18 Sprachen und auf sechs Kontinenten registriert. In Deutschland ging das Portal 2003
an den Start und wurde im Oktober 2005 von der Stiftung
Warentest zum Testsieger erklärt. Das Angebot richtet sich
an Menschen, die auf der Suche nach einer ernsthaften
Partnerschaft sind. Deshalb gibt es zum Beispiel auch
keine Chat-Funktion – dem unverbindlichen Flirten wird
hier also ein Riegel vorgeschoben. Fotos und Texte werden
redaktionell geprüft, daher finden sich hier nur wenige
Fakes. Außerdem werden Mitglieder, die sich nicht an die
Regeln von Match halten, hinausgeworfen. Ein komplettes
Pseudonym gewährleistet Anonymität.

Anzahl registrierter Mitglieder: 1,8 Millionen in Deutschland, Österreich und der Schweiz, über 20 Millionen
weltweit. Pro Tag melden sich (in Deutschland) rund
2.000 neue Mitglieder an.

Verhältnis männlich / weiblich: 66 : 34

Alter der Kernzielgruppe: 25 bis 65 Jahre;
Mindestalter 18 Jahre

Durchschnittsalter der Mitglieder:
Frauen 36 Jahre, Männer 34 Jahre

Die Seite ist auch für Lesben und Schwule geeignet.

3

Bei Match können Mitglieder einer Kontaktanzeige bis zu 26 Bilder beilegen. Außerdem gibt es einen umfangreichen Fragenkatalog mit Fragen zu Ihrer Person und Ihren Wunschvorstellungen. Darüber hinaus können Sie vorgegebene freie Fragen wie zum Beispiel „Mehr über meine Herkunft" ausfüllen. Mitglieder können selbst in den Kontaktanzeigen stöbern, erhalten aber auch einmal pro Woche vom „MatchFinder" passende Partnervorschläge per E-Mail zugeschickt.

Kostenlos können Mitglieder hier eine Kontaktanzeige aufgeben und die vollen Suchfunktionen, auch die „Wer ist online"-Funktion, nutzen. Ebenfalls umsonst sind der Kontakt per „Zwinker" und die Teilnahme am „Spotlight" (⋯⋗ „Weitere Dienste"). Wer jedoch Flirtmails senden und empfangen will, muss eine Premium-Mitgliedschaft abschließen. Deren Kosten sind folgendermaßen gestaffelt:

Dauer der Mitgliedschaft	Preis in Euro
1 Monat	25,00
3 Monate	52,50
6 Monate	75,00

Darüber hinaus gibt es die Möglichkeit, ein „Maximum-Kontakt"-Mitglied zu werden. Dies bedeutet, dass auch Nichtzahlende mit Ihnen in Kontakt treten und kommunizieren dürfen. Diese „Maximum-Kontakt"-Mitgliedschaft kostet 72 Euro für drei Monate. Die Bezahlung erfolgt über Kreditkarte, Bankeinzug oder Überweisung. Die Mitgliedschaft ist jederzeit kündbar und endet mit dem Zeitpunkt, bis zu dem bezahlt wurde.

Weitere Dienste:
- internes Mailsystem
- voller Zugriff auf die internationalen Kontaktanzeigen in über 200 Ländern auf sechs Kontinenten. Stöbern ist kostenlos, Kontaktaufnahme nur für Premium-Mitglieder
- „Zwinker" – eine Mitteilung ohne Text, die Sie an andere Mitglieder versenden können, um auf Ihre Kontaktanzeige aufmerksam zu machen
- „Wer ist online?"-Funktion
- Benachrichtigung, wenn eine neue Flirtmail eingegangen ist
- Ignorierliste
- Favoritenliste
- Spotlight: Wenn Sie möchten, verwendet Match Ihr Foto in Werbeanzeigen
- Prüfung der „gegenseitigen Übereinstimmung" („Mutual Matching"). Hier erfahren Sie nicht nur, wer Ihren Wünschen entspricht, sondern auch, wessen Wünschen Sie entsprechen
- Vorstellung neuer Mitglieder
- Kundensupport per E-Mail

Bewertung:
www.singleboersen-vergleich.de:
3 von 5 Sternen (Februar 2008)
Stiftung Warentest:
gut (Note 2,4 im Oktober 2005)

myFlirt (www.myflirt.de)

Die Kontaktbörse myFlirt ist eine der wenigen Kontaktbörsen, die kostenlos, aber trotzdem seriös ist. Da alle Mitglieder sich per Telefon noch einmal verifizieren müssen, sind dort fast keine Fakes zu finden.

Anzahl registrierter Mitglieder: 400.000

Verhältnis männlich / weiblich: 40 : 60

Alter der Kernzielgruppe: 18 bis 35 Jahre

Durchschnittsalter der Mitglieder:
Frauen 21 Jahre, Männer 23 Jahre

Seit 2007 ist der Service von myFlirt für alle Mitglieder komplett kostenlos.

Weitere Dienste:
• internes Mailsystem
• Fotogalerie (bis zu fünf Fotos)
• Ignorierliste
• auf Wunsch regelmäßige Partnervorschläge
• Chat
• Kontaktaufnahme über SMS
• Vorstellung neuer Mitglieder
• Scanservice (5 Euro pro Foto)

Bewertung:
www.singleboersen-vergleich.de:
noch nicht bewertet
Stiftung Warentest:
befriedigend (Note 2,6 im Oktober 2005)

neu.de (www.neu.de)

Die Kontaktbörse www.neu.de wurde im Februar 2008 mit Meetic, dem größten Kontaktanzeigenportal Europas, zusammengelegt und unternahm damit einen Neustart. Sie genießt einen hohen Bekanntheitsgrad, da sie vor allem durch Werbeplakate überall präsent und so im Bewusstsein der Bevölkerung fest verankert ist. Doch der Neustart hat der Kontaktbörse nicht nur eine größere Zahl an Mitgliedern gebracht: Die Bedienung wurde ebenfalls vereinfacht und die Profile sind nun noch aussagekräftiger. Da alle Fotos und Texte redaktionell geprüft werden, befinden sich unter den Mitgliedern relativ wenig Fakes. Ein komplettes Pseudonym gewährleistet Anonymität.

Anzahl registrierter Mitglieder: über 5 Millionen aus Deutschland, insgesamt 28 Millionen aus Europa. Monatlich sind rund 15 Millionen Mitglieder aktiv. Pro Tag registrieren sich rund 11.000 neue Mitglieder.

Verhältnis männlich / weiblich: 59 : 41

Alter der Kernzielgruppe: 21 bis 40 Jahre; Mindestalter 18 Jahre

Durchschnittsalter der Mitglieder:
Frauen 34 Jahre, Männer 34 Jahre

Die Seite ist auch für Lesben und Schwule geeignet.

Einem Profil können bis zu fünf Hauptfotos sowie weitere 20 Bilder beigelegt werden. Dazu müssen Sie einen umfangreichen Fragebogen zu Ihrer Person und Ihren Wünschen und Vorstellungen ausfüllen. Es gibt nur eine freie Frage: einen kurzen Begrüßungstext. Seit neuestem

3

können sich Mitglieder auch selbst Fragen ausdenken und diese von anderen beantworten lassen. Wer möchte, kann dem eigenen Profil auch ein Video-Porträt beifügen.

Bei neu.de können Sie nicht nur selbst in den Kontaktanzeigen der anderen stöbern, sondern bekommen auch passende Partnervorschläge per E-Mail zugeschickt.

Kostenlos können Mitglieder hier Kontaktanzeigen aufgeben und eine einfache Suche durchführen. Außerdem können sie andere Mitglieder per „Flash" (siehe „Weitere Dienste") kontaktieren und den neu.de-Test ablegen. Wer jedoch mit anderen Mitgliedern kommunizieren möchte, muss den sogenannten „neu.de-Pass" erwerben. Dessen Kosten sind folgendermaßen gestaffelt:

Dauer der Mitgliedschaft	Preis in Euro
1 Monat	24,95
3 Monate	50,85
6 Monate	77,70

Diese Mitgliedschaft kann durch einen „Premium-Pass"
so erweitert werden, dass auch Nichtzahlende mit Ihnen
in Kontakt treten können. Dafür fällt eine Gebühr von
14,90 Euro an. Die Bezahlung erfolgt über Kreditkarte,
Bankeinzug, Firstgate oder Paypal (⋯⊱ Seite 45 f., Bezahlungsmöglichkeiten). Wenn Sie nicht kündigen, verlängert
sich Ihre Mitgliedschaft automatisch.

Weitere Dienste:
- Zugriff auf Kontaktanzeigen aus ganz Europa und
  Lateinamerika. Schwerpunkte sind Deutschland,
  Frankreich, Italien und Spanien
- internes Mailsystem, bei dem gezielt Bilder mitgeschickt
  werden können
- „Flash": eine Mitteilung ohne Text, die Sie an andere
  Mitglieder versenden können, um auf Ihre Kontaktan-
  zeige aufmerksam zu machen
- Benachrichtigung per E-Mail, wenn eine neue Flirtmail
  eingegangen ist
- neu.de-Test: Möglichkeit, Fragen an Ihre Profilbesucher
  zu stellen (bis zu 20 Fragen)
- Privat-Chat
- „Wer ist online?"-Funktion
- Fotogalerie
- Ignorierliste
- Favoritenliste
- Kundensupport per E-Mail und Telefon-Hotline

Bewertung:
www.singleboersen-vergleich.de:
4 von 5 Sternen (Februar 2008)
Stiftung Warentest:
befriedigend (Note 2,8 im Oktober 2005)

3

Die wichtigsten Online-Partner-vermittlungen

Anders als die Kontaktbörsen arbeiten die Online-Part-nervermittlungen ähnlich wie die traditionellen Partner-vermittlungen und klassischen Heiratsinstitute – nur dass sie viel mehr Mitglieder und günstigere Preise haben. Das heißt, Sie bekommen von einem Anbieter gezielte Partnervorschläge, die ein Computerprogramm aufgrund Ihres Profils sowie eines ausführlichen Persönlichkeits-tests speziell für Sie zusammenstellt. Dann können Sie mit den empfohlenen Personen Kontakt aufnehmen. Ihre Anonymität bleibt hier zunächst gewahrt, da Ihr Profil nicht öffentlich im Internet zu sehen ist.

Die Zielgruppe der Online-Partnervermittlungen sind Singles, die auf der Suche nach einer ernsthaften Partner-schaft sind. Die Anbieter legen großen Wert auf Seriosität und suchen ihre Mitglieder häufig über Internetportale, auf denen sich ein zahlungskräftiges und gebildetes Publikum tummelt.

be2 (www.be2.de)

Die Partnervermittlung be2 ging 2004 an den Start und konnte ihre Konkurrenten schnell hinter sich lassen. Dies bewies unter anderem die Bewertung mit der Bestnote bei einem Test der „Bild am Sonntag" im Jahr 2005. be2 gewinnt einen großen Teil seiner Mitglieder über die Online-Portale von Zeitungen und Zeitschriften, darunter „Focus", „Max", „Freundin" oder „Fit for Fun". Außerdem ist be2 weltweit aktiv und hat insgesamt rund sieben Millionen Mitglieder in Europa und Südamerika. Wer sich bei be2 anmeldet, muss zunächst ein Online-Profil anlegen und dann einen umfangreichen Fragebogen ausfüllen. Dieser besteht aus zwei Teilen: einem Persönlichkeitstest (ca. 60 Fragen) und Ihren Angaben zu Interessen, Einstellungen, Wünschen und Vorstellungen zur Partnerschaft usw. (ca. 200 Fragen). Insgesamt dauert das Ausfüllen etwa 40 Minuten. Sie können diesem Fragebogen ein Foto beilegen und selbst bestimmen, wer es sehen darf. Außerdem besteht die Möglichkeit, einen freien Text einzufügen. Auf der Basis dieses Persönlichkeitstests macht die Partnervermittlung Ihnen dann gezielte Vorschläge in Form einer Liste im Mitgliederbereich. Dazu werden die Personen ausgewählt, die von ihrer Persönlichkeit her am besten zu Ihnen passen. Dann können Sie deren Profile anschauen und in Kontakt treten, wenn Sie Ihren Mitgliedsbeitrag bezahlt haben. Bei be2 treten Sie unter einem kompletten Pseudonym auf, Ihre Anonymität bleibt also gewahrt.

Anzahl registrierter Mitglieder: 1,8 Millionen in Deutschland, 7 Millionen weltweit. Allerdings sind darunter viele Nichtzahlende, die nicht auf Ihre Kontaktgesuche antworten können. Diese werden jedoch nur noch selten als Kontaktvorschlag angezeigt. Weltweit registrieren sich pro Tag ca. 16.000 neue Mitglieder.

Verhältnis männlich / weiblich: 43 : 57

Alter der Kernzielgruppe: Frauen und Männer ab 30;
Mindestalter 18 Jahre

Durchschnittsalter der Mitglieder:
Frauen 36 Jahre, Männer 35 Jahre

Kostenlos können Mitglieder bei be2 ein Online-Profil ausfüllen und ein Kurzgutachten einsehen. Außerdem können
sie Partnervorschläge und Kontaktgesuche erhalten, jedoch auf diese noch nicht antworten. Profile anderer Mitglieder können eingesehen werden, Fotos aber nicht. Wer
unbegrenzt kommunizieren möchte, muss Premium-Mit-
glied werden. Dafür fallen die folgenden Kosten an:

Dauer der Mitgliedschaft	Preis in Euro
3 Monate	141,00
6 Monate	174,00
12 Monate	252,00

Die Mitgliedschaft verlängert sich automatisch, es sei
denn, Sie kündigen 14 Tage vor Ablauf des gebuchten Zeitraums. Falls sich in der Zeit, die Sie gebucht haben, allerdings weniger als zehn erfolgreiche Kontaktaufnahmen
ergeben, so verlängert sich die Mitgliedschaft kostenlos,
bis es zu zehn Kontaktaufnahmen gekommen ist. Die
Bezahlung erfolgt mittels Lastschrift, Kreditkarte, Rechnung oder über Firstgate (⋯⋗ Seite 45 f.).

Weitere Dienste:
• internes Mail-System
• Favoritenliste
• gezielter Fotoaustausch

- Benachrichtigung per E-Mail, wenn be2 einen neuen Kontaktvorschlag hat
- Kundensupport per E-Mail
- Partnersuche in ganz Europa und Amerika möglich

Bewertung:
www.singleboersen-vergleich.de:
4 von 5 Sternen (Februar 2008)
Stiftung Warentest:
ausreichend (Note 3,6 im Oktober 2005)

Elitepartner (www.elitepartner.de)

Elitepartner wendet sich an „Singles mit Niveau". Sie existiert seit 2004 und zielt hauptsächlich auf Menschen mit akademischem Hintergrund ab: Rund 67 % der Mitglieder haben studiert.

Sie legen hier zunächst ein Online-Profil an und machen einen umfangreichen Persönlichkeitstest. Dieser besteht aus ca. 80 Fragen, das Ausfüllen dauert etwa eine halbe Stunde. Sie können diesem Fragebogen bis zu drei Fotos beilegen und einstellen, wer diese Bilder sehen darf. Außerdem gibt es zehn (allerdings vorgegebene) freie Fragen, bei denen Sie selbst Text einfügen können. Auf der Basis dieser Informationen werden Ihnen gezielte Partnervorschläge in Form einer Liste im Mitgliederbereich gemacht. Die Profile dieser Vorschläge können Sie dann ansehen. Kontakt können Sie jedoch nur aufnehmen, wenn Sie Ihre Mitgliedsgebühr bezahlt haben.

Anzahl registrierter Mitglieder: über eine Million.
Allerdings sind darunter viele Nichtzahlende, die nicht
auf Ihre Kontaktgesuche antworten können. Diese werden
jedoch nur noch selten als Kontaktvorschlag angezeigt.
Pro Tag melden sich rund 1.000 neue Mitglieder an.

Verhältnis männlich / weiblich: 46 : 54

Alter der Kernzielgruppe: 25 bis 45 Jahre;
Mindestalter 20 Jahre

Durchschnittsalter der Mitglieder:
Frauen 42 Jahre, Männer 39 Jahre

Kostenlos können Sie bei Elitepartner ein Online-Profil
ausfüllen und ein Kurzgutachten über Ihre Persönlichkeit
einsehen – anderen Nutzern und Nutzerinnen wird dieses
Profil jedoch nicht zugänglich gemacht. Außerdem können
Sie Partnervorschläge und Kontaktgesuche erhalten – darauf antworten können Sie allerdings nur, wenn Sie zahlen-
des Mitglied geworden sind. Die Kosten für eine Mitgliedschaft mit unbegrenztem Kommunizieren sind folgendermaßen gestaffelt:

Dauer der Mitgliedschaft	Preis in Euro
1 Monat	74,90
3 Monate	149,70
6 Monate	155,40
12 Monate	214,80

Wer nur das umfangreiche Persönlichkeitsgutachten
erhalten möchte, muss dafür 69 Euro bezahlen. Wenn Sie
innerhalb des gebuchten Zeitraums mit weniger als einer
bestimmten Anzahl von Mitgliedern in Kontakt getreten
sind, verlängert sich Ihre Mitgliedschaft kostenlos um

den ursprünglich gebuchten Zeitraum. Außerdem gibt es einen Rabatt von 30 % für Studierende, Alleinerziehende und Existenzgründer. Die Bezahlung erfolgt über Kreditkarte, elektronische Lastschrift, T-Pay oder Firstgate (···❥ Seite 45 f.). Ihre Premium-Mitgliedschaft verlängert sich automatisch, wenn Sie nicht vier Wochen vor Ablauf des gebuchten Zeitraums kündigen.

Weitere Dienste:
- internes Mail-System (Foto kann gleich eingefügt werden)
- psychoanalytisches Persönlichkeitsgutachten als PDF-Datei
- Benachrichtigung per E-Mail, wenn Elitepartner einen neuen Partnervorschlag hat
- Fotoaustausch mit anderen Mitgliedern
- telefonische Betreuung durch Paar-Psychologen und -Psychologinnen (1,86 Euro/Minute)
- TÜV-geprüft (···❥ Seite 151)
- Rubrik „Andere über mich": Hier können Mitglieder ihre Freunde zu Wort kommen lassen
- EliteBlog: ein Internet-Tagebuch zum Thema Liebe, das von Elitepartner geschrieben wird
- Kundensupport per E-Mail und Telefon

Bewertung:
www.singleboersen-vergleich.de:
4 von 5 Sternen (Februar 2008)
Stiftung Warentest:
nicht bewertet

Lovepoint (www.lovepoint.de)

Lovepoint vermittelt Kontakte aller Art: ernsthafte und langfristige Beziehungen (Rubrik „Traumpartner") und schnelle Affären (Rubrik „Erotisches Abenteuer"). Bei der Anmeldung müssen Sie sich für eine der beiden Kategorien entscheiden – es sei denn, Sie werden VIP-Mitglied: Dann stehen Ihnen beide Bereiche offen. Lovepoint existiert bereits seit 1999 und gehört damit zu den Pionieren des Online-Datings. Neben dieser langjährigen Erfahrung zeichnet sich die Seite auch durch günstige Preise und einen relativ hohen Frauenanteil aus.

Anzahl registrierter Mitglieder: 160.000 (davon 38 % in der Rubrik „Traumpartner", 62 % bei „Erotisches Abenteuer). Pro Tag melden sich rund 1.000 neue Mitglieder an.

Verhältnis männlich / weiblich: 36 : 64 (Traumpartner), 59 : 41 (Erotisches Abenteuer)

Alter der Kernzielgruppe: 20 bis 45 Jahre; Mindestalter 18 Jahre

Durchschnittsalter der Mitglieder:
Frauen 36 Jahre, Männer 27 Jahre

Die Mitglieder von Lovepoint verfügen überwiegend über einen hohen Bildungsgrad.

Wie bereits erwähnt, entscheiden Sie sich bei Lovepoint zunächst für eine der beiden Rubriken „Traumpartner" oder „Erotisches Abenteuer/Seitensprung". Danach füllen Sie online einen Fragebogen aus, der allerdings nicht wie bei anderen Partnervermittlungen paarpsychologisch aufgebaut ist, sondern nur die wichtigsten Fragen (ca. 20 Stück) zu Wohnort, Alter oder Hobbys umfasst. Sie können dem

3

Fragebogen auch ein Foto beifügen, müssen aber nicht. Sprach- oder Videoaufnahmen sind ebenfalls möglich. Zusätzlich können Sie einen freien Text hinterlegen, in dem Sie weitere Informationen über sich preisgeben und Angaben zu Ihren Wünschen und Vorstellungen machen können. Auf der Basis Ihrer Angaben und Wünsche macht Ihnen Lovepoint dann gezielte Partnervorschläge, durchschnittlich sind dies sechs Vorschläge im Monat. Diese erhalten Sie im Mitgliederbereich in Form einer Liste. Dann können Sie deren Profile anschauen und per E-Mail oder SMS Kontakt aufnehmen. Da es bei Lovepoint keine Schnupper-Accounts gibt, sind alle Mitglieder auch aktiv und können auf Kontaktwünsche antworten.

Seit neuestem können Sie im Mitgliederbereich auch einen umfangreichen paarpsychologischen Fragebogen ausfüllen. Damit können Sie zusätzlich am Persönlichkeits-Matching teilnehmen.

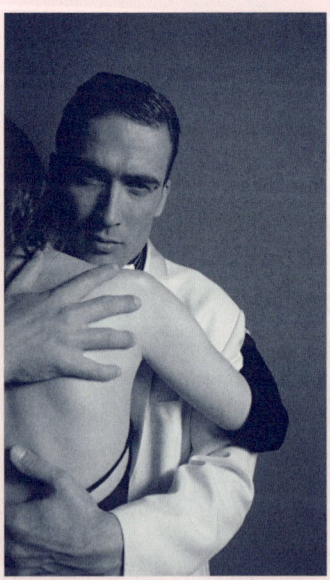

Heterosexuelle Frauen können den gesamten Service von Lovepoint kostenlos nutzen. Für Männer, Paare und Lesben fallen die folgenden Kosten an:

Dauer der Mitgliedschaft	Preis in Euro
3 Monate	99,00
6 Monate	129,00
12 Monate	149,00

Diese Vertragslaufzeit beginnt allerdings erst mit dem ersten Kontaktvorschlag, den Sie erhalten. Sollten sich während Ihrer Mitgliedschaft überhaupt keine Kontaktvorschläge ergeben, erhalten Sie 80 % Ihres Beitrags zurück. Außerdem verlängert sich Ihre Mitgliedschaft kostenlos, wenn Sie mit weniger als einer bestimmten Anzahl von Mitgliedern in Kontakt getreten sind. Schließlich gibt es für Männer eine sogenannte VIP-Mitgliedschaft, bei der beide Rubriken („Traumpartner" und „Erotisches Abenteuer") genutzt werden können. Sie kostet 149 Euro für zwölf Monate. Die Bezahlung erfolgt mittels Lastschrift (3 Euro Gebühr), Überweisung, Kreditkarte oder Bareinzahlung.

Weitere Dienste:
- internes Mail-System
- Privatchat
- Kontaktmöglichkeit über eine anonyme Telefonverbindung (LovepointFon) und SMS
- Videochat: Kommunizieren Sie via Webcam mit anderen Mitgliedern
- auf Wunsch Benachrichtigung über alle neuen Vorgänge per SMS oder E-Mail
- Anti-Fake-Garantie
- wissenschaftlicher Persönlichkeitstest (dieser wurde neu eingeführt und ist daher nicht von allen Mitgliedern ausgefüllt)
- gezielter Fotoaustausch
- kostenloser Scanservice für Fotos
- 24-Stunden-Hotline zum Ortstarif

Bewertung:
www.singleboersen-vergleich.de:
3 von 5 Sternen (Februar 2008)
Stiftung Warentest:
nicht bewertet

Parship (www.parship.de)

Parship wendet sich an Menschen, die eine langfristige, ernsthafte Partnerschaft suchen. Dazu müssen Sie zunächst einmal ein Online-Profil anlegen und einen umfangreichen Fragebogen ausfüllen. Dieser umfasst ca. 80 Fragen, das Ausfüllen dauert etwa eine halbe Stunde. Sie können diesem Fragebogen bis zu drei Fotos beilegen und einstellen, wer diese sehen darf. Außerdem gibt es neun (allerdings vorgegebene) freie Fragen, zu denen Sie selbst Text beifügen dürfen. Auf der Basis des Persönlichkeitstests erstellt Parship dann ein Gutachten über Sie, das Sie auch als gebundenes Buch oder PDF-Datei erhalten. Natürlich ist dieses Gutachten auch die Grundlage für die Partnervorschläge, die Sie von Parship in Form einer Liste im Mitgliederbereich erhalten. Dazu werden die Personen ausgewählt, die von ihrer Persönlichkeit her am besten zu Ihnen passen. Deren Profile können Sie dann ansehen. Mit anderen Mitgliedern in Kontakt treten können Sie allerdings erst, wenn Sie Ihren Mitgliedsbeitrag bezahlt haben. Sie erscheinen bei Parship mit einem kompletten Pseudonym; Ihre Anonymität ist also gewährleistet.

Zielgruppe sind Singles mit gehobenem Niveau. Ein großer Teil der Mitglieder wurde über die Online-Portale renommierter Zeitungen und Zeitschriften geworben, darunter die „Süddeutsche Zeitung", die „FAZ", „Die Zeit" sowie der „Spiegel". Im Oktober 2005 wurde Parship Testsieger bei der Stiftung Warentest, auch die Zeitschrift „tomorrow"

und die Tageszeitung „Die Welt" zeichneten die Partnervermittlung im selben Jahr aus.

Anzahl registrierter Mitglieder: 4,2 Millionen. Allerdings
sind darunter viele Nichtzahlende, die nicht auf Ihre Kontaktgesuche antworten können. Diese werden jedoch nur
noch selten als Kontaktvorschlag angezeigt. Täglich melden sich etwa 10.000 neue Mitglieder an.

Verhältnis männlich / weiblich: 49 : 51

Alter der Kernzielgruppe: 30 bis 69 Jahre;
Mindestalter 18 Jahre

Durchschnittsalter der Mitglieder:
Frauen 43 Jahre, Männer 41 Jahre

Unter den Mitgliedern von Parship finden sich sehr viele
Personen mit akademischem Hintergrund.

Auch bei Parship gibt es einige Dienste, die gratis sind: So
können Sie umsonst ein Online-Profil ausfüllen und ein
Kurzgutachten einsehen. Außerdem erhalten Sie Partnervorschläge und Kontaktgesuche, deren Profile Sie sich
ebenfalls ansehen können – darauf antworten können Sie
jedoch nur, wenn Sie bezahlen. Absagen sind allerdings
kostenlos.

Dauer der Mitgliedschaft	Preis in Euro
3 Monate	150,00
6 Monate	179,40
12 Monate	262,20

In diesen Kosten ist das unbegrenzte Kommunizieren mit
anderen Mitgliedern enthalten. Wer nur das Parship-Gut-
achten haben möchte, muss dafür 69 Euro bezahlen.

Wenn Sie mit weniger als zehn Mitgliedern in Kontakt getreten sind, verlängert sich Ihre Mitgliedschaft kostenlos um sechs Monate (gilt nicht für die Drei-Monats-Mitgliedschaft). Die Bezahlung erfolgt per Kreditkarte oder elektronischer Lastschrift, auch eine Ratenzahlung ist möglich. Die Premium-Mitgliedschaft verlängert sich automatisch, wenn Sie nicht fristgerecht (mindestens sieben Tage vor Ablauf der Laufzeit) kündigen.

Weitere Dienste:
- Persönlichkeitsgutachten: umfasst rund 80 Seiten und wird Ihnen als gebundenes Buch zugesendet (12 Euro zusätzlich) oder als PDF-Datei per E-Mail zugestellt
- Benachrichtigung per E-Mail, wenn Parship einen neuen Kontaktvorschlag für Sie hat
- internes Mailsystem
- „Spaß-Match": Hier können Sie ein anderes Mitglied anflirten, indem Sie vier Alltagsfragen beantworten. Der oder die andere sieht Ihre Antworten und kann sich bei Ihnen melden
- Coaching per Telefon durch Diplom-Psychologen und -Psychologinnen (1,86 Euro/Minute)
- auf Wunsch europaweite Partnervorschläge
- Parship-Classic: Wer keinen eigenen Internetanschluss hat, bekommt einen „persönlichen Berater" an die Seite gestellt, der alle Online-Angelegenheiten regelt (789 Euro/6 Monate).
- gezielter Fotoaustausch
- TÜV-geprüft (⋯⋙ Seite 151)
- Mitgliederbetreuung per E-Mail und Telefon

Bewertung:
www.singleboersen-vergleich.de:
5 von 5 Sternen (Februar 2008)
Stiftung Warentest:
befriedigend (Note 3,3 im Oktober 2005)

ProDue (www.produe.de)

Anders als die bereits erwähnten Seiten setzt die „Inter-Nette Partnervermittlung" ProDue nicht auf ein Vermittlungsprinzip auf paarpsychologischer Grundlage. Stattdessen erstellt sie ihre Vorschläge anhand der Übereinstimmung in wesentlichen Persönlichkeitsmerkmalen (Wohnort, Alter, Hobbys usw.). Der Fragebogen, den die Mitglieder ausfüllen müssen, ist daher weniger umfangreich und umfasst nur ca. 20 Fragen. Zusätzlich besteht die Möglichkeit, einen freien Text zu hinterlegen, in dem die Mitglieder selbst von sich erzählen können. Auffallend bei ProDue ist der hohe Frauenanteil.

Anzahl registrierter Mitglieder: ca. 30.000 Premium-Mitglieder. Pro Tag registrieren sich ca. 100 neue Mitglieder.

Verhältnis männlich / weiblich: 32 : 68

Alter der Kernzielgruppe: 20 bis 45 Jahre; Mindestalter 18 Jahre

Durchschnittsalter der Mitglieder:
Frauen 36 Jahre, Männer 34 Jahre

Zunächst müssen Mitglieder auch hier wieder einen Online-Fragebogen ausfüllen, dem sie ein Foto beifügen können, aber nicht müssen. Auf der Basis dieses Fragebogens verschickt ProDue dann immer nachts um 3.00 Uhr Partnervorschläge per E-Mail an beide Seiten. Diesen Vorschlägen können Sie per E-Mail oder im Mitgliederbereich mit „Will ich" zustimmen oder sie mit „Will ich nicht" ablehnen. Nur wenn beide dem Kennenlernen zustimmen, gibt ProDue die „echten" E-Mail-Adressen heraus.

Frauen können alle Dienste von ProDue kostenlos nutzen, für Männer fallen die folgenden Gebühren an:

Dauer der Mitgliedschaft	Preis in Euro
3 Monate	49,00
6 Monate	89,00
12 Monate	129,00

Die Bezahlung erfolgt per Lastschrift oder Überweisung. Wenn sich in der Zeit, die Sie gebucht haben, nur wenig tut, bleiben Sie so lange Mitglied, bis Sie mit zehn anderen Mitgliedern Flirtmails ausgetauscht haben.

Weitere Dienste:
• Suche nach erotischen Abenteuern ist ebenfalls möglich, allerdings wird diese Funktion von ProDue zurzeit nicht beworben. Die Zahl der Personen, die in diesem Bereich registriert sind, dürfte daher nur gering sein
• kostenloser Scanservice für Fotos
• Support per E-Mail oder Telefon-Hotline

Bewertung:
www.singleboersen-vergleich.de:
3 von 5 Sternen (Februar 2008)
Stiftung Warentest:
nicht bewertet

Anhang

Adressen

Im Folgenden finden Sie wichtige Internetadressen,
die Ihnen bei der Suche nach dem Traummann oder der
Traumfrau helfen können – von weiteren Kontaktbörsen
bis hin zu kostenlosen Bildbearbeitungsprogrammen.

Weitere Kontaktbörsen

Wer bei den großen Kontaktbörsen nicht fündig wird,
kann es auf den folgenden Seiten versuchen.

Allgemeine Kontaktbörsen und Partnervermittlungen

www.bildflirt.de
Kontaktbörse mit rund 180.000 Mitgliedern

www.bildkontakte.de
Kostenlose Kontaktbörse, bebilderte Steckbriefe mit
Echtheitscheck, 1,3 Millionen Mitglieder

www.contacting.de
Partnervermittlung mit rund 40.000 Mitgliedern,
mit Kontaktgarantie

www.flirtcafe.de
Kontaktbörse mit rund 600.000 Mitgliedern,
für jüngeres Publikum (bis ca. 35 Jahre)

www.flirt-fever.de
Kontaktbörse mit 2 Millionen Mitgliedern,
für 18- bis 35-Jährige

www.germanfriendfinder.de
Kontaktbörse mit rund 200.000 Mitgliedern

www.heartbooker.de
Partnervermittlung mit rund 175.000 Mitgliedern,
kostenlos testbar, Premium-Mitgliedschaft ab
29,45 Euro/Monat

www.in-ist-drin.de
Kontaktbörse für Singles ab 25 Jahre,
legt Wert auf eine niveauvolle Klientel,
rund 150.000 Mitglieder

www.jappy.de
Kontaktbörse mit rund 700.000 Mitgliedern,
komplett kostenlos

www.knowone.de
Kontaktbörse mit rund 300.000 Mitgliedern

www.lovealizer.de
Partnervermittlung mit rund 25.000 Mitgliedern,
Zielgruppe 20 bis 40 Jahre

http://love.lycos.de
Kontaktbörse mit rund 4 Millionen Mitgliedern in Europa,
komplett kostenlos

www.singletreffen.de
Kontaktbörse mit rund 250.000 Mitgliedern,
junge Zielgruppe, für Frauen kostenlos

www.ulteem.de
Partnervermittlung mit rund 75.000 Mitgliedern,
Echtheitsprüfung

Kontaktbörsen für spezielle Zielgruppen

www.alleine-kochen-ist-doof.de
Koch-Dating-Community

www.date-a-dog.de
Kontaktbörse für Menschen mit Hunden

www.esoterikflirt.com
Kontaktbörse für Esoterik-Anhänger

www.feuerflamme.de/partnersuche/index/php
Christliche Partnersuche

www.flirt-projekt.de
Kontaktbörse für Behinderte und HIV-Positive

www.gay-parship.de
Parship-Ableger für Lesben und Schwule,
230.000 Mitglieder, in acht weiteren europäischen
Ländern vertreten

www.gigaherz.net
Christliche Partnersuche

www.gleichklang.de
Vermittlung von Partnerschaften, Freundschaften
und Reisebegleitung mit einer extra Rubrik für
Alleinerziehende

www.gl-sh.de
Kontaktbörse für Gehörlose und Schwerhörige

www.grosseleute.de/kontaktanzeigen/
Kontaktbörse für große Leute

www.handicap-love.de
Kontaktbörse für Singles mit Behinderung

www.kathtreff.org
Katholisches Heiratsportal

www.langesingles.de
Kontaktbörse für Männer ab einer Größe von 1,90 m
und Frauen ab 1,80 m

www.mollyparadies.de
Kontaktbörse für Mollige

www.moms-dads-kids.de
Kontaktbörse für Alleinerziehende

www.papasu.de
Kontaktbörse für chronisch Kranke

www.patchworkglueck.de
Kontaktbörse für Alleinerziehende

www.rubensfan.de
Kontaktbörse für Mollige

Single-Events

www.datingcafe.de
Die Online-Kontaktbörse listet auf ihrer Website auch
Events für Singles in ganz Deutschland auf.

www.fastdating.de
Organisation von Speeddatings

www.jumpingdinner.de
Anbieter des „Jumping Dinners"

www.justdates.de
Single-Events nach Postleitzahlen geordnet

www.speeddating.de
Organisation von Speeddatings

SMS-Flirt

http://sms-chat.amio.de

www.icony.de

Kostenlose E-Mail-Programme

Arcor: **www.arcor.de**

Freenet: **www.freenet.de**

GMX: **www.gmx.net**

Hotmail: **www.hotmail.com**

Yahoo: **www.yahoo.de**

Kostenlose Bildbearbeitungsprogramme

www.pl32.de

http://picasa.google.de

www.freewarepage.de/grafik/bildbearbeitung

Messenger

AOL: **www.aol.de/AIM**

ICQ: **www.icq.com**

msn: **http://messenger.live.de/download/**

Yahoo-Messenger: **http://de.messenger.yahoo.com**

Rechtschreibung

www.duden.de
Beratung in Fragen der Rechtschreibung

Verbraucherzentralen

Sie möchten Informationen oder eine Beratung? Hier erfahren Sie, welche Beratungsstelle in Ihrer Nähe ist.

**Verbraucherzentrale
Baden-Württemberg e.V.**
Paulinenstraße 47
70178 Stuttgart
Tel.: 0 18 05 / 50 59 99
(0,14 €/min)
Fax: 07 11 / 66 91-50
info@verbraucher
zentrale-bawue.de
www.verbraucher
zentrale-bawue.de

**Verbraucherzentrale
Bayern e.V.**
Mozartstraße 9
80336 München
Tel.: 0 89 / 5 39 87-0
Fax: 0 89 / 53 75 53
info@verbraucher
zentrale-bayern.de
www.verbraucher
zentrale-bayern.de

**Verbraucherzentrale
Berlin e.V.**
Hardenbergplatz 2
10623 Berlin
Tel.: 030 / 2 14 85-0
Fax: 030 / 2 11 72 01
mail@verbraucher
zentrale-berlin.de
www.verbraucher
zentrale-berlin.de

**Verbraucherzentrale
Brandenburg e.V.**
Templiner Straße 21
14473 Potsdam
Tel.: 03 31 / 2 98 71-0
Fax: 03 31 / 2 98 71-77
info@vzb.de
www.vzb.de

**Verbraucherzentrale
Bremen e.V.**
Altenweg 4
28195 Bremen
Tel.: 04 21 / 16 07-77
Fax: 04 21 / 16 07-780
info@vz-hb.de
www.vz-hb.de

**Verbraucherzentrale
Hamburg e.V.**
Kirchenallee 22
20099 Hamburg
Tel.: 0 40 / 2 48 32-0
Fax: 0 40 / 2 48 32-290
info@vzhh.de
www.vzhh.de

**Verbraucherzentrale
Hessen e.V.**
Große Friedberger Straße 13–17
60313 Frankfurt
Tel.: 0 69 / 97 20 10-0
Fax: 0 69 / 97 20 10-50
vzh@verbraucher.de
www.verbraucher.de

**Neue Verbraucherzentrale
Mecklenburg und
Vorpommern e.V.**
Strandstraße 98
18001 Rostock
Tel.: 03 81 / 2 08 70-50
Fax: 03 81 / 2 08 70-30
info@nvzmv.de
www.nvzmv.de

**Verbraucherzentrale
Niedersachsen e.V.**
Herrenstraße 14
30159 Hannover
Tel.: 05 11 / 9 11 96-01
Fax: 05 11 / 9 11 96-10
info@vzniedersachsen.de
www.vzniedersachsen.de

**Verbraucherzentrale
Nordrhein-Westfalen e.V.**
Mintropstraße 27
40215 Düsseldorf
Tel.: 02 11 / 38 09-0
Fax: 02 11 / 38 09-172
vz.nrw@vz-nrw.de
www.vz-nrw.de

**Verbraucherzentrale
Rheinland Pfalz e.V.**
Ludwigstraße 6
55116 Mainz
Tel.: 0 61 31 / 28 48-0
Fax: 0 61 31 / 28 48-66
info@vz-rlp.de
www.vz-rlp.de

**Verbraucherzentrale
Saarland e.V.**
Trierer Straße 22
66111 Saarbrücken
Tel.: 06 81 / 5 88 09-0
Fax: 06 81 / 5 88 09-22
vz-saar@vz-saar.de
www.vz-saar.de

**Verbraucherzentrale
Sachsen e.V.**
Bühl 34–38
04109 Leipzig
Tel.: 03 41 / 69 62 90
Fax: 03 41 / 6 89 28 26
vzs@vzs.de
www.vzs.de

**Verbraucherzentrale
Sachsen-Anhalt e.V.**
Steinbockgasse 1
06108 Halle
Tel.: 03 45 / 2 98 03-29
Fax: 03 45 / 2 98 03-26
vzsa@vzsa.de
www.vzsa.de

**Verbraucherzentrale
Schleswig-Holstein e.V.**
Andreas-Gayk-Straße 15
24103 Kiel
Tel.: 04 31 / 5 90 99-10
Fax: 04 31 / 5 90 99-77
info@verbraucher
zentrale-sh.de
www.verbraucher
zentrale-sh.de

**Verbraucherzentrale
Thüringen e.V.**
Eugen-Richter-Straße 45
99085 Erfurt
Tel.: 03 61 / 5 55 14-0
Fax: 03 61 / 5 55 14-40
info@vzth.de
www.vzth.de

**Verbraucherzentrale
Bundesverband e.V.**
Markgrafenstraße 66
10969 Berlin
Tel.: 0 30 / 2 58 00-0
Fax: 0 30 / 2 58 00-518
info@vzbv.de
www.vzbv.de

Stiftung Warentest
Lützowplatz 11–13
10785 Berlin
Tel.: 0 30 / 26 31-0
Fax: 0 30 / 26 31-2727
email@stiftung-
warentest.de
www.stiftung-
warentest.de

Literatur

von Alth, Bela: *Partnersuche im Internet.* Südwest München 2006

Billig, Susanne: *Cyberlove. Auf Partnerfang im Internet.* Deutschlandradio, 12.09.2007

Bitkom: *Rekordjahr für Internet-Singlebörsen in Deutschland*, 18.03.2008: www.bitkom.org/50620_50614.aspx

van Braak, Heike: *Modern Dating. Internet, SMS-Chats, Speed-Dating & Co. – neue Wege für die Liebe.* Gondrom Bindlach 2008

Brandt, Andrea / Cziesche, Dominik / Kraft, Steffen / Latsch, Gunther: *Maschinisten der Liebe,* in: *Der Spiegel*, 20. März 2006

Hegmann, Eric: *Online-Dating. So finden Sie Ihren Traumpartner.* Mosaik bei Goldmann München 2003

Parship (Hg.): *1. Europäische Parship Single-Studie 2006.* Hamburg 2006

–: Pressemeldung: *Neujahrsvorsätze der Singles.* Hamburg 2006

–: Pressemeldung: *Passgenaue Suche: Im Internet findet jeder Achte seine Liebe.* Hamburg 2006

Pließnig, Marcus: *Flirten im Internet.* Humboldt Baden-Baden 2003

Schäfgen, Maria: *Liebe aus dem Netz.* Orlanda Frauenverlag Berlin 2003

Stiftung Warentest (Hg.): *Im Netz der einsamen Herzen,* in: *Test* Nr. 10/2005

Tuma, Thomas: *Die Flirtmaschine,* in: *Der Spiegel*, 24.07.2000

Und nun kann's losgehen!

• Wie viel Geld will ich in die Partnersuche investieren?

_____

• Wie viel Zeit will ich in die Partnersuche investieren?

_____

• Diese Art der Partnersuche kommt für mich in Frage:

_____

_____

• Das ist mir bei der Entscheidung für einen Anbieter besonders wichtig:

_____

_____

_____

• Ich könnte mir vorstellen, bei folgenden Anbietern auf die Suche zu gehen:

_____

_____

_____

_____

- Brauche ich noch etwas (Foto, E-Mail-Adresse o. Ä.)?

_____

- Diese Informationen müssen auf jeden Fall in meine
  Anzeige / mein Online-Profil:

_____

_____

_____

_____

- Gibt es Eigenschaften, die mein zukünftiger Partner /
  meine zukünftige Partnerin auf gar keinen Fall haben
  sollte?

_____

_____

_____

_____

- Meine nächsten Schritte sind:

_____

_____

_____

_____

Bildnachweis

©DigitalVision/John Knill: Titel, S. 118, 133

©PhotoDisc: S. 106, 113

©iStockphoto.com:
S. 6/7	Camilo Jimenez
S. 9	absolut_100
S. 12	Yanik Chauvin
S. 18	Jennifer Trenchard
S. 20	Sean Locke
S. 26	Robert Simon
S. 30	Doctor_bass

©iStockphoto.com:
S. 36/37	Jon Schulte
S. 38	absolut_100
S. 41	szelmek
S. 42	Justin Horrocks
S. 46	webphotographeer
S. 47	arturbo
S. 48	Michael Utech
S. 56	Shaun Cammack
S. 64	Reuben Schulz
S. 69	Arvid Emtegren
S. 71	Bronwyn James
S. 74	Meredith Blache
S. 78	Knud Nielsen
S. 80	Remus Eserblom
S. 84	Ethan Myerson
S. 87	Jaymast
S. 89	Jennifer Trenchard
S. 90	Gene Chutka
S. 93	Justin Horrocks
S. 96	Royce DeGrie

©iStockphoto.com:
S. 98/99	Ferran Traite Soler
S. 100	mihaicalin
S. 102	Jasmin Awad
S. 115	fotosav
S. 121	Dan Wilton
S. 124	Joselito Briones
S. 126	Franck Boston
S. 130	Randolph Pamphrey
S. 137	Peter Dean
S. 138	Franck Boston
S. 140	Julia Milberger
S. 142	Elena Elisseeva
S. 144	PeskyMonkey
S. 147	Elena Elisseeva
S. 153	Fitzer
S. 156	Brasil2
S. 160	Mark Hayes
S. 162	Amanda Rohde
S. 165	Ryan Lane
S. 166	ericsphotography
S. 170	Eva Serrabassa
S. 172	TommL
S. 175	Stefan Witas
S. 177	Amanda Rohde

Bei den abgebildeten Personen handelt es sich um Modelle, die nur zu Illustrationszwecken gezeigt werden.

Impressum

Herausgeber

Verbraucherzentrale Nordrhein-Westfalen e.V.
Mintropstraße 27
40215 Düsseldorf
Tel.: 01 80 / 5 00 14 33 (14 ct./Minute aus
dem Festnetz, Mobilfunkpreise abweichend)
Fax: 02 11 / 38 09-235
E-Mail: publikationen@vz-nrw.de

Verbraucherzentrale Bayern e.V.
Verbraucherzentrale Berlin e.V.
Verbraucherzentrale Brandenburg e.V.
Verbraucherzentrale Bremen e.V.
Verbraucherzentrale Hamburg e.V.
Verbraucherzentrale Hessen e.V.
Verbraucherzentrale Niedersachsen e.V.
Verbraucherzentrale Rheinland-Pfalz e.V.
Verbraucherzentrale des Saarlandes e.V.
Verbraucherzentrale Sachsen e.V.
Verbraucherzentrale Sachsen-Anhalt e.V.
Verbraucherzentrale Thüringen e.V.
Verbraucherzentrale Bundesverband e.V.
(Adressen ···❯ S. 183 ff.)

Text:	Birgit Adam
Fachliche Betreuung:	RA Dr. Lovis Wambach
Lektorat:	Dr. Mechthilde Vahsen
Koordination:	Ilse Mara Berzins
Gestaltung/Illustration:	Susanne Wolff, Essen
Fotos:	s. Bildnachweis S. 189
Gedruckt auf:	Lenza Top Recycling
Druck:	Stürtz GmbH, Würzburg

Redaktionsschluss: April 2008

Ratgeber der Verbraucherzentralen

Hier können wir Ihnen nur eine kleine Auswahl unseres Ratgeberprogramms vorstellen. Auf Wunsch senden wir Ihnen gerne die Gesamtübersicht aller Publikationen zu. Unsere Ratgeber können Sie in den Beratungsstellen der Verbraucherzentralen kaufen oder bei den Herausgebern bestellen (···⟩ Impressum). Bitte schicken Sie weder Geld noch Briefmarken. Sie erhalten mit der Lieferung eine Rechnung. Zu den genannten Preisen (Stand August 2008) kommen noch Porto und Versandkosten hinzu.

Ehe- und Partnerschaftsverträge

Wenn die Liebe noch groß ist, mag kein Paar an Verträge denken. Aber Ehe- und Partnerschaftsverträge können helfen, erst gar keine Krisensituationen entstehen zu lassen. Der Ratgeber hilft mit Musterverträgen, Formulierungsvarianten, Hinweisen und Tipps, gleichberechtigte Partnerschaftsverträge zu gestalten.
1. Auflage 2006, 144 Seiten, Hardcover ···⟩ 14,90 €

Die Kostentreiber in den Griff bekommen

Energie, Mobilität, Kommunikation – das Budget für die Haushaltskosten wird immer stärker belastet. Dem gilt es Paroli zu bieten. Jedoch nicht Konsumverzicht steht im Mittelpunkt dieses Ratgebers, sondern intelligenter Konsum: sparsam, kostenbewusst und nachhaltig.
1. Auflage 2007, 192 Seiten ···⟩ 9,90 €

Vorsorge selbstbestimmt

Wer sichergehen will, dass im Fall der Fälle Entscheidungen im eigenen Sinn getroffen werden, sollte für seine Angehörigen persönliche Daten, Patientenverfügung, Angaben zum Erbvertrag usw. bereithalten. Das Vorsorgehandbuch bietet verlässliche Informationen, erprobte Formulare, Muster, Checklisten. Mit CD-ROM.
1. Auflage 2008, ca. 250 Seiten ···⟩ 14,90 €

Gewicht im Griff

Sind Sie unzufrieden mit Ihrem Gewicht? Suchen Sie einen alltagstauglichen Weg, wie Sie ohne Essverdruss Pfunde verlieren können? Dieser Ratgeber hilft Ihnen Schritt für Schritt, sich Ihren Wunsch nach einem erreichbaren und haltbaren Wohlfühlgewicht selbst zu erfüllen. Praxisbewährt durch unsere Ernährungskurse. Mit Rezeptteil.
13. Auflage 2008, 256 Seiten ⋯⟩ 12,90 €

Obst und Gemüse à la Saison

Die Ratgeber-CD-ROM bietet quer Beet, Strauch und Baum 82 Steckbriefe für heimisches Obst und Gemüse mit vielen Tipps zur Ausnutzung regionaler Saisonzeiten. Dazu 999 Rezepte rund ums Jahr.
1. Auflage 2006 ⋯⟩ 14,90 €

Eigentumswohnung: Auswahl und Kauf

Auf dem Weg in die eigenen vier Wände gibt es viele Stolpersteine. Unser Ratgeber ist ein zuverlässiger Begleiter für alle, die Eigentum erwerben möchten – sei es gebraucht oder neu. Ob Suche, Kaufvertrag, Besichtigung des Objekts oder Finanzierung: Der Ratgeber gibt auf alle wichtigen Fragen praxisnahe Antworten.
1. Auflage 2007, 234 Seiten ⋯⟩ 19,90 €

Kauf eines gebrauchten Hauses

Der Hauskauf aus zweiter Hand hat einige Vorteile: Sie können das gebrauchte Haus im fertigen Zustand besichtigen, mit anderen vergleichen und unter Umständen können Sie auch schneller einziehen. Dieser Ratgeber hilft Ihnen bei der Gebäudeprüfung und beim Einschätzen des Sanierungsbedarfs und des Kaufpreises.
4. Auflage 2008, 184 Seiten ⋯⟩ 9,90 €